Marjolijn van der Velde

100%
gesund

70 GRÜNE SMOOTHIES

EINFACH MIXEN, WOHLFÜHLEN, GENIESSEN

Aus dem Niederländischen von
Sonja Fiedler-Tresp

Hölker Verlag

IMPRESSUM

5 4 3 2 19 18 17 16 15

ISBN 978-3-88117-972-0

Übersetzung Sonja Fiedler-Tresp
Redaktion Lisa Frischemeier
Satz FSM Premedia

Hafenweg 30, 48155 Münster, Germany

www.hoelker-verlag.de

Die niederländische Originalausgabe erschien erstmals 2014

Text © Marjolijn van der Velde
Redaktion Ester Poeder
Gestaltung und Design Linda Sier, Studio 100%
Fotos Hanneke Vollbehr, Lieke Heijn und Pim Janswaard, Cameron studio
Herstellung & Beratung Van Lindonk &de Bres

Disclaimer

Dieses Buch ist als Anregung und Nachschlagewerk gedacht, nicht als medizinische Handreichung. Die Rezepte in diesem Buch sind als Ersatz für jegliche medizinische Behandlung ungeeignet. Bitte wenden Sie sich bei körperlichen Beschwerden an Ihren Arzt. Verlag und Autorin haften nicht für Schäden, die durch die Verwendung dieses Buches entstehen.
 ✽

VORWORT

Irgendwann im Sommer 2008 reichte mir meine Frau (damals noch Freundin) Marjolijn meinen ersten grünen Smoothie. Auch wenn ich damals schon recht gesundheitsbewusst gelebt habe, fand ich die Vorstellung seltsam. Warum sollte man Gemüse trinken? Ist das nicht eklig? Kann man wirklich Obst und Gemüse kombinieren? Mit leichtem Widerwillen trank ich meinen ersten grünen Smoothie. Marjolijn war sofort „hin und weg“ und auch ich selbst habe die Vorteile bald gespürt. Ich hatte mehr Energie, meine Haut war schöner und jünger, ich war seltener erkältet und brachte beim Krafttraining mehr Leistung.

Unsere Verwandten fragten uns: „Macht ihr das immer noch, das mit den grünen Smoothies?“ Offensichtlich war man allgemein der Meinung, dass sich Leute nur dann gesund ernährten, wenn sie auf Diät waren oder es ihnen der Arzt empfohlen hatte. Warum sonst sollte man so etwas tun?

Im Laufe der Jahre haben wir dann aber sogar die größten Gemüsehasser (zum Beispiel Kinder, die nie Gemüse essen wollten) und die Leute, die am lautesten verkündeten, sie würden so etwas nie im Leben trinken, von den grünen Smoothies überzeugt. Schon mehr als 10.000 Menschen haben in den Jahren vor der Veröffentlichung dieses Buches Marjolijns eBook über grüne Smoothies gekauft. Und auch wenn ich es nicht statistisch belegen kann, habe ich das Gefühl, dass die Zahl der Leute, die grüne Smoothies trinken, enorm angestiegen ist.

Marjolijn hat mit ihrem Durchhaltevermögen und ihrer Leidenschaft, Menschen zu einem gesunden Lebensstil zu verhelfen, einen großen Beitrag dafür geleistet, grüne Smoothies bekannt zu machen. Letztlich ist dieses wunderschöne Buch daraus entstanden.

VORWORT

Grüne Smoothies zu trinken ist der erste Schritt zu einem gesunden Lebensstil und einem gesunden Körper. Es macht keine große Mühe, Blattgemüse, Obst und Wasser in einen Mixer zu geben. Man braucht auch seine Essgewohnheiten nicht zu verändern, sondern trinkt die Smoothies einfach zusätzlich. Und das ist meiner Meinung nach der größte Erfolg des Konzepts „grüne Smoothies". Mit minimalem Aufwand erreicht man maximalen Erfolg in Sachen Gesundheit. Und dieses Buch bietet nicht nur leckere Rezepte und Ideen, sondern auch viele nützliche Informationen über die grünen Drinks.
Marjolijn ist die absolute Expertin auf dem Gebiet der grünen Smoothies. Sie hat ihre jahrelange Erfahrung, Tausende von Fragen, die ihr von den eBook-Lesern gestellt wurden, die endlosen Stunden in der Küche und ihre medizinischen Kenntnisse als Tierärztin (grundsätzlich unterscheiden sich Mensch und Tier nicht so sehr in ihren Körperfunktionen) in diesem großartigen Buch gebündelt. Vor allem aber hat sie dies alles immer mit ganzem Herzen getan. Und das ist es auch, was mich so wahnsinnig stolz auf sie macht. Nicht nur als ihr Ehemann, sondern auch wegen allem, was sie für das Leben anderer bedeutet und auch weiterhin bedeuten wird.

Ich wünsche dir viel Spaß bei der Lektüre dieses Buches.

Mit herzlichem Gruß

Jesse van der Velde
Langjähriger Coach im Bereich Gesundheit, Ernährung und Fitness

EINLEITUNG

Du stehst kurz davor, die Welt der grünen Smoothies zu erkunden. Eine Welt, in der viel frisches Gemüse und Obst die Hauptrolle spielen. Vielleicht ist es für dich noch völlig unbekanntes Terrain. Aber keine Sorge, es ist eine wunderbare Welt!

Bevor du voller Elan damit beginnst, köstliche grüne Smoothies zuzubereiten, solltest du dir deine Gründe bewusst machen.
Gehörst du zu den vielen Menschen, die es aus irgendeinem Grund nicht schaffen, die empfohlene Tagesmenge Gemüse und Obst zu essen? Oder bist du deine paar Kilo Übergewicht jetzt wirklich leid? Wünschst du dir eine schönere Haut oder mehr Energie? Möchtest du deine Kinder anregen, gesünder zu essen? Welche persönlichen Gründe du auch immer hast – grüne Smoothies sind für alle Menschen gut. Allerdings können die Art der Zubereitung, die Wahl der Zutaten und die Menge variieren, daher ist es sinnvoll, dir dein persönliches Ziel klarzumachen.

In diesem Grüne-Smoothie-Buch bekommst du viele Tipps und Tricks, um auf ideale Weise so schnell wie möglich dein eigenes Ziel zu erreichen. Du lernst, welche Grundausstattung nötig ist, um grüne Smoothies herzustellen, und welche Blattgemüse und Kräuter sich dafür eignen. Du erfährst, wann der beste Zeitpunkt ist, grüne Smoothies zu trinken, und wie man sie bei bestimmten gesundheitlichen Problemen abwandelt, zum Beispiel bei Übergewicht, Diabetes oder einer Candidose.

Wie komme ich im Urlaub an grüne Smoothies und was mache ich im Winter, wenn es kalt ist? Und lassen sich Smoothies durch Anreicherung mit Superfoods noch nahrhafter machen? Das alles erfährst du in diesem Buch.

Für junge Mütter und Mütter in spe gibt es ein eigenes Kapitel, in dem erklärt wird, wie gut grüne Smoothies in der Schwangerschaft sind und wie man perfekte Smoothies für Kinder zubereitet.

Ich kann es kaum erwarten, dir all das zu zeigen, und wünsche dir viel Vergnügen mit diesem Buch und natürlich mit den Rezepten.

Alles Liebe, Marjolijn

MEINE GESCHICHTE

Meine Leidenschaft für grüne Smoothies hat ihren Anfang in meiner Studentenzeit. Ich studierte Tiermedizin in Antwerpen und machte mir in den ersten Jahren keine großen Gedanken über Ernährung. Vor allem glaubte ich auch, dass ich eigentlich schon alles richtig machte. Doch zu meinem Studium gehörten außer Vorlesungen über den Körper und wie er funktioniert auch mehr als 80 Stunden Ernährungslehre. Natürlich ist die Ernährung unserer lieben Haustiere nicht bis ins Detail mit der des Menschen zu vergleichen, aber wenn es um die biochemischen Vorgänge im Körper geht, gibt es verblüffend viele Übereinstimmungen. Nicht nur Aufnahme und Verarbeitung der Nährstoffe verlaufen beinahe identisch, auch die Art und Weise, wie sich Krankheiten durch Mangelernährung und Toxizität bilden. Ebenso gibt es große Übereinstimmungen bei der Entstehung von Übergewicht und Diabetes.

Was meine eigene Ernährung betraf, glaubte ich eigentlich, alles gut im Griff zu haben. Ich aß doch, wie ich fand, sehr gesund: ein Käsebrot zum Frühstück, Müsliriegel und Obst zwischendurch, gedämpftes Gemüse aus der Mikrowelle mit Vollkornnudeln zum Abendessen. Trotzdem hatte ich oft mit unreiner Haut zu kämpfen. Vor allem die Pickel auf meinem Kinn und rund um meinen Mund, denen ich nicht Herr wurde, machten mir zu schaffen. Auch mein Gewicht war, freundlich ausgedrückt, nicht ganz nach Wunsch. Kurz gesagt: Ich glaubte zwar, dass ich alles richtig machte, mein Körper aber war anderer Ansicht.

Eines Tages hatte ich einen Rest Spinat und eine Mango im Haus und suchte im Internet nach einem Rezept, in dem ich beide Zutaten verwenden konnte. Diese Suche inspirierte mich dazu, Obst und Gemüse zusammen in den Mixer zu geben. Ich machte meinen ersten Smoothie und war sehr erstaunt über den süßen Geschmack der Mango, kombiniert mit Spinat. Die Vorstellung, mit diesem leckeren Smoothie einfach so auf meine tägliche Dosis an Obst und Gemüse zu kommen, begeisterte mich.

MEINE GESCHICHTE

Bald schon machte ich mich daran, verschiedene Rezepte auszuprobieren, und lernte immer mehr über grüne Smoothies und ihre Wirkung auf den Körper. Die medizinischen Vorlesungen, die ich zu der Zeit hörte, halfen mir, das Ganze besser zu verstehen. Oft nahm ich meine grünen Drinks mit zur Uni und zog damit viele fragende Blicke auf mich. Was für mich kein Problem war, da ich wusste, wie fantastisch die Smoothies für meinen Körper waren und wie großartig sie noch dazu schmeckten.

Besonders spannend fand ich den Effekt, dass ich auf einmal auch ganz anders zu essen begann. Zum Mittagessen entschied ich mich öfter für Salat, trank grüne Smoothies zwischendurch, hatte weniger Heißhunger auf Süßes. Mein Körper fühlte sich schlanker und straffer an und sogar meine Pickel verschwanden beinahe vollständig. Plötzlich hatte ich auch viel mehr Energie, was mir bei meinem vollen Terminkalender sehr entgegenkam.

Im Lauf der Jahre habe ich köstliche und – um ehrlich zu sein – auch weniger leckere Rezepte in meiner Küche kreiert. Mit den Missgriffen werde ich dich verschonen, aber all das Gute der grünen Smoothies teile ich gerne mit dir, in der Hoffnung, dass sie dir genauso viel Freude bereiten werden wie mir.

INHALT

1

WARUM GRÜNE SMOOTHIES?

Grüne Smoothies sind schon vom Geschmack her ein großes Geschenk, vor allen Dingen aber sind sie unglaublich gesund. Ich selbst habe mindestens drei Mal so viel Power wie früher und zudem strahlend reine Haut. In diesem Kapitel erfährst du, warum es so gut ist, täglich viel Obst und Gemüse zu essen, welches Geheimnis hinter Blattgemüse steckt und warum man Fressattacken mithilfe von grünen Smoothies verhindern kann. Zusätzlich lernst du, wie man Obst und Gemüse am besten aufbewahrt, damit den köstlichen Experimenten in der Küche nichts mehr im Wege steht.

Ganz sicher hattest du einen guten Grund dafür, dir dieses Buch anzuschaffen und dich ab sofort mit grünen Smoothies zu beschäftigen. Vielleicht wünschst du dir mehr Energie, eine bessere Haut, weniger Stress oder möchtest einfach mehr Obst und Gemüse essen. Oder du möchtest gern abnehmen, besser schlafen, möglicherweise auch einfach dein Immunsystem stärken. Welche persönlichen Gründe du auch immer hast – ich möchte dir gern erklären, warum es so wichtig ist, jeden Tag genügend Gemüse und Obst zu essen und wieso ein Smoothie dafür bestens geeignet ist.

CHLOROPHYLL

Es gibt mehrere Gründe, warum grüne Smoothies so gut für uns sind. Einer der wichtigsten aber ist das Chlorophyll, ein Molekül, das dem Blattgemüse seine natürliche grüne Farbe verleiht. Es ist unerlässlich für die Photosynthese, einem Prozess, bei dem die Pflanze durch Sonnenlicht Kohlenstoffdioxid in brauchbare Kohlenhydrate wie Glucose verwandelt. Alle Menschen und Tiere brauchen Kohlenhydrate, um zu überleben, und Chlorophyll ist daher von lebenswichtiger Notwendigkeit. Ohne Chlorophyll gäbe es kein Leben auf der Erde.

Durch mein Tiermedizinstudium wusste ich genau, wie ein rotes Blutkörperchen aussieht und wie dieses Molekül aufgebaut ist. Die rote Farbe des Blutes wird durch Hämoglobin verursacht, und genau dieses Hämoglobin ist sehr wichtig für unsere Zellen, da es Sauerstoff durch den Körper transportiert. Dass sich Chlorophyll nur in einer einzigen Eigenschaft von Hämoglobin unterscheidet, hat mich sehr überrascht. Der Unterschied zwischen den beiden steckt im Kern: Im Kern des Chlorophylls befindet sich Magnesium, in dem des Hämoglobins Eisen. Wegen dieser großen Ähnlichkeit wird Chlorophyll auch das „Blut der Pflanzen" genannt.

Du weißt jetzt, was Chlorophyll ist und welche Funktion es in der Natur hat. Aber noch viel interessanter ist, was es für deine Gesundheit tun kann. Chlorophyll ist bekannt für seine entgiftenden Eigenschaften und ist gut für deine Verdauung, die Blutgefäße und das Immunsystem. Es bekämpft oxidativen Stress, reinigt das Blut und reichert es mit Sauerstoff an, wodurch mehr Energie freigesetzt wird. Es verhindert chronische Krankheiten, hilft gegen Süchte, stimuliert das Wachstum guter Bakterien im Darm und dient der Reinigung der Leber. Auch kann es Schwermetalle und andere Giftstoffe so binden, dass diese über die Verdauung den Körper wieder verlassen können. Die positiven Effekte von Chlorophyll sind zahlreich und ich hoffe, dass du sie schon bald erfahren wirst. Wenn man das Blattgemüse im Mixer püriert, kann das Chlorophyll sogar noch etwas besser vom Körper aufgenommen werden.

IN WELCHEM BLATTGEMÜSE STECKT AM MEISTEN CHLOROPHYLL?

Jedes Blattgemüse enthält Chlorophyll, allerdings in unterschiedlicher Menge. Die Regel dafür ist einfach: je dunkler das Blattgemüse, desto mehr Chlorophyll steckt darin. Grünkohl, Petersilie, Spirulina und Chlorella sind echte Chlorophyllbomben, während Eisbergsalat beispielsweise sehr wenig Chlorophyll enthält. Weizengrassaft, der in den letzten Jahren stark an Popularität gewonnen hat, besitzt extrem viel Chlorophyll und wird daher häufig von Supermodels und Filmstars eingenommen. Auch Sprossen enthalten viel Chlorophyll, ein guter Grund, sie selbst in der Küche zu züchten.

UNSER TÄGLICHER BEDARF AN OBST UND GEMÜSE

Die Deutsche Gesellschaft für Ernährung (kurz DGE) empfiehlt, jeden Tag mindestens 400 Gramm Gemüse und 250 Gramm Obst zu essen, um unseren Bedarf an essenziellen Vitaminen, Mineralstoffen, Spurenelementen, sekundären Pflanzenstoffen und Ballaststoffen zu decken. Das erscheint auf den ersten Blick nicht viel, trotzdem gibt es viele Menschen, die diesen Bedarf nicht täglich decken können. Eine Untersuchung der DGE hat gezeigt, dass der Großteil der deutschen Bevölkerung nicht auf die empfohlenen 5 Portionen Obst und Gemüse pro Tag kommt. Laut einer Studie nehmen Frauen durchschnittlich 3,1 Portionen Obst und Gemüse pro Tag zu sich (Männer 2,4). Nur etwa 15 % der Frauen (7 % der Männer) halten die Empfehlung „5 am Tag" ein. Zu welcher Gruppe gehörst du? Zu den 15 % oder eher zu den übrigen 85 %? Wann hast du das letzte Mal einen ganzen Salatkopf gegessen? Oder eine komplette Packung Spinat geleert?

Dabei lohnt es sich, täglich ausreichend Obst und Gemüse zu essen. Viele Untersuchungen weisen darauf hin, dass dadurch die Wahrscheinlichkeit, an chronischen Herz- und Kreislauferkrankungen, einem Schlaganfall oder an bestimmten Arten von Krebs zu erkranken, reduziert wird. Viel Obst und Gemüse zu essen, hilft uns langfristig, gesund zu bleiben und schenkt uns kurzfristig mehr Energie und eine gesunde Ausstrahlung. Ohne grüne Smoothies zu trinken würde ich es allerdings auch nicht schaffen, die angeratene Menge an Obst und Gemüse zu konsumieren. Dank der einfach zuzubereiteten Drinks schaffe ich die tägliche Ration problemlos. Ein Glück!

WELCHEN NÄHRWERT HABEN OBST UND GEMÜSE HEUTE?

Es wird dich wahrscheinlich nicht verwundern, dass der Nährwert von Obst und Gemüse vor 50 Jahren noch etwas höher war als heute. Durch die intensive Landwirtschaft und den Raubbau an der Natur enthält unsere Nahrung weniger Mineralien und Vitamine und ist dadurch nicht mehr so nahrhaft. Eigentlich müssten wir also mehr Gemüse und Obst essen, um auf den gleichen Nährwert zu kommen wie vor 50 Jahren. Natürlich spielen auch die Bedingungen, unter welchen das Gemüse angebaut worden ist, eine Rolle, der Zeitpunkt, zu dem es geerntet wird, und nicht zuletzt, ob es sich um Gemüse aus modernen Monokulturen oder um alte Sorten aus der Region handelt. Deshalb kann die empfohlene Menge nur ein Richtwert sein, der meiner Meinung nach angesichts der heutigen Qualität konventionell angebauter Lebensmittel recht niedrig angesetzt ist – wenn es auch ein guter Anfang ist.

All diese Erkenntnisse motivieren mich täglich dazu, grüne Smoothies zuzubereiten. Ich hoffe, ich kann auch dich dafür begeistern!

SCHLUSS MIT DEN (FR)ESSATTACKEN

Viele Menschen – auch ich früher – werden immer wieder von unkontrolliertem Heißhunger überfallen. Und zwar meistens nach Dingen wie Süßigkeiten, Keksen, Chips oder anderen industriellen Lebensmitteln. Bei mir selbst drehte sich immer alles um Lakritze und Schokolade, vor allem um die Sorte Traube-Nuss.

Ich persönlich glaube, dass so ein Heißhunger ein Signal des Körpers dafür ist, dass er einen Mangel an bestimmten Nahrungsbestandteilen hat. Solange wir ihm nicht geben, was er braucht (Vitamine, Mineralien etc.) wird er darum bitten. Als ich mein Essverhalten unter diesem Aspekt betrachtet habe, war mir schnell klar, was ich tun konnte, um meine Fressattacken unter Kontrolle zu bekommen. Schon bald, nachdem ich damit begann, grüne Smoothies zu trinken, verschwanden sie.

Grüne Smoothies enthalten ohnehin schon viele verschiedene Vitamine und Mineralien, doch wenn man zusätzlich sogenanntes Superfood zufügt, wird der Nährwert noch höher. Man gibt dem Körper, was er wirklich braucht. Wenn du täglich einen großen grünen Smoothie trinkst, ist bald jeder Mangel behoben und du wirst schnell merken, dass du die ungesunden Dinge immer weniger brauchst. Bevor du es merkst, hast du nur noch Appetit auf Grünes!

MEINE MEINUNG ÜBER GRÜNE SMOOTHIES

Ich liebe meine grünen Smoothies mit viel Gemüse. Meistens wähle ich ein Verhältnis von 30–40 % Obst zu 60–70 % Blattgemüse. Aber hierfür gibt es keine strengen Regeln. Dieses Verhältnis ist auch bei mir nicht immer so gewesen. Als ich angefangen habe, grüne Smoothies zu trinken, war es umgekehrt: Mein Smoothie bestand aus mehr Obst als Gemüse. Auch für dich kann das am Anfang besser sein. Experimentiere einfach mal drauflos und entdecke auf diese Weise, welches Verhältnis für dich ideal ist, damit dir dein Smoothie jedes Mal gut gelingt.

Wenn du den Geschmack von Blattgemüse absolut nicht magst, kannst du mit einem Obst-Smoothie beginnen, dem du nur 10 % Gemüse oder lediglich ein paar wenige Blätter Grün zufügst. Taste dich dann langsam vorwärts. Du wirst merken, dass dein Bedürfnis nach Blattgemüse mit der Zeit steigt und du weniger Obst verwenden möchtest. Da dies auch gesünder ist, ist es einen Versuch wert, darauf hinzuarbeiten.

Vitamix

2

GRÜNE SMOOTHIES RICHTIG MIXEN

Bevor du dich begeistert daranmachst, grüne Smoothies zuzubereiten, möchte ich dich ermuntern, dieses Kapitel zu lesen. Hierin erfährst du nämlich, welche Grundausstattung sich dafür am besten eignet, welche verschiedenen Mixer auf dem Markt sind, wie du den Mixer am besten verwendest und was der Unterschied zu einem Entsafter ist. Auch die Grundbestandteile eines grünen Smoothies lernst du kennen und welche Gemüse- und Obstsorten oder Kräuter du auf welche Art verwenden kannst. Die Qualität von (biologisch angebautem) Gemüse und Obst und die Verwendung von Wasser in Smoothies ist ebenfalls ein Thema. Wenn du diese grundsätzlichen Dinge verinnerlicht hast, kannst du mithilfe eines Schritt-für-Schritt-Plans ganz schnell selbst die herrlichsten Rezepte für grüne Smoothies kreieren.

Vitamix

Grüne Smoothies zu mixen, ist unglaublich einfach und man braucht auch nicht viel dafür: die richtige Motivation, einen Mixer, leckeres Obst und Gemüse, etwas Wasser – und los geht's. Wer ein paar praktische Regeln beachtet, kann eigentlich nichts falsch machen. Wirklich ein Kinderspiel.

GRUNDAUSSTATTUNG

1 ✽ EIN STANDMIXER

Ein Standmixer ist eine Küchenmaschine, die Zutaten mixen, zerreiben und pürieren kann, ein hoher Behälter mit Messern am Boden. Der Behälter wird auf einem Motor befestigt. Die Messer zerschneiden die Zutaten mit hohem Tempo und pürieren auf diese Weise alles, was in dem Gefäß ist. Je länger der Mixer läuft, desto feiner wird die Struktur des grünen Smoothies. Wer selbst Smoothies zubereiten will, kommt um einen Standmixer nicht herum. Wenn du also noch keinen hast, bist du gut beraten, dir baldmöglichst einen anzuschaffen.

Es gibt so viele verschiedene Geräte auf dem Markt, dass du vermutlich den Wald vor lauter Bäumen nicht mehr siehst. Welcher Mixer ist am besten für mich geeignet? Brauche ich einen großen oder einen kleinen Behälter und sollte er aus Glas oder aus Kunststoff sein? Ich werde versuchen, dir bei diesen Fragen zur Seite zu stehen.

Im Prinzip sind alle Mixer für die Zubereitung von grünen Smoothies geeignet. Von der Art des Mixers hängt lediglich ab, wie viel Zeit du dafür aufbringen musst. Bei der Wahl eines Gerätes solltest du das bedenken.
Im Allgemeinen kann man von zwei Gruppen von Standmixern sprechen: Hochleistungsmixer und Mixer mit geringerer Wattzahl. Ab 1500 Watt spricht man von einem High Power Mixer. Beispiele dafür sind Vitamix und Blendtec. Die meisten Mixer im Handel gehören jedoch zu den weniger leistungsstarken. Auch diese erledigen ihre Aufgabe sehr gut, wenn man das Gemüse etwas kleiner schneidet und nicht so viel auf einmal einfüllt.

Insgesamt kostet es daher mehr Zeit, mit einem weniger starken Mixer einen Smoothie zuzubereiten. Je stärker der Motor, desto kürzer die Zubereitungszeit. Auch die Struktur des grünen Smoothies ist anders, wenn man ihn in einem High Power Mixer herstellt, er wird cremiger und gleichmäßiger. Die Smoothies aus anderen Geräten haben hingegen eine etwas faserigere Struktur, was die Wahrscheinlichkeit erhöht, beim Trinken Stückchen zwischen die Zähne zu bekommen.

Ich selbst benutze am liebsten den Standmixer von Vitamix. Er hat einen großen Mixbehälter und zermahlt alles in kürzester Zeit cremigfein. I love it! Die Anschaffung eines solchen Geräts ist zwar ziemlich kostspielig (600 € aufwärts), aber eine lohnende Investition. Außerdem verspricht die gute Verarbeitung eine lange Lebensdauer.

Ich verwende meinen Mixer täglich für Smoothies, Saucen, Puddings und Dips und kann mir ein Leben ohne ihn gar nicht mehr vorstellen. Sieh dich doch einmal bei eBay oder anderen Plattformen um, vielleicht findest du dort ein gebrauchtes Gerät. Auch wir haben unseren Greenstar-Entsafter auf diese Weise für den halben Preis ergattert!

Es gibt Mixbehälter aus Glas und aus Kunststoff. Ich persönlich würde einen Standmixer mit Glasaufsatz empfehlen. In manchen Kunststoffen steckt der Weichmacher BPA, der als gesundheitsschädigend gilt und zum Beispiel in Babyfläschchen nicht mehr verwendet werden darf. Diesen Stoff sollte man möglichst vermeiden, da er sich bei Erwärmung freisetzt und so in der Nahrung landen kann. Doch auch wenn Glas vom gesundheitlichen Aspekt her besser ist, ist die Kontaktzeit der grünen Smoothies mit dem Mixbehälter so kurz, dass auch ein Behälter aus Kunststoff nicht unbedingt eine falsche Wahl ist. Zumal viele Hersteller inzwischen glücklicherweise BPA-freie Kunststoffe verwenden. Wenn du deinen Mixer allerdings auch zum Pürieren von Suppen einsetzen möchtest, würde ich zum Glasbehälter raten. Möchtest du deinen Mixer gern in der Spülmaschine reinigen? Dann denk daran, dass Kunststoffaufsätze dort oft nicht hineindürfen.

Am besten ist ein Mixer mit einem großen Gefäß, in dem man das ganze Rezept auf einen Schlag zubereiten kann. 2 Liter Fassungsvermögen sind ideal. Wenn du keinen für dich passenden Mixer dieser Größe findest, tut es auch ein kleinerer. Mindestens 1,5 Liter sollte er jedoch fassen können.

TIPPS RUND UM DEN MIXER

- Schneide alle Zutaten klein, bevor du sie in den Mixer gibst. Je kleiner, desto leichter lassen sie sich pürieren.

- Wenn der Mixer plötzlich sehr laut wird oder du alarmierenden Brandgeruch wahrnimmst (ist mir selbst schon mehrfach passiert), stell den Mixer sofort aus und warte ungefähr zehn Minuten ab, bevor du ihn wieder einschaltest. Überprüfe, was dem Gerät Schwierigkeiten bereitet, und löse das Problem, sofern das möglich ist.

- Achte darauf, dass immer genug Flüssigkeit bereitsteht, damit sich Obst und Gemüse gut pürieren lassen. Bei mir läuft es meistens darauf hinaus, dass ich ungefähr gleich viel Wasser wie Obst zugebe, aber du solltest selbst ausprobieren, wie es bei deinem Mixer am besten funktioniert, denn jedes Gerät ist anders.
- Sei vorsichtig mit gefrorenem Obst. Ich persönlich lasse Tiefkühlfrüchte vor dem Gebrauch immer gut 30 Minuten antauen. Sie schmecken dann süßer und lassen sich leichter cremig pürieren. Davon abgesehen ist ein sehr kalter Smoothie nicht nur für den Mixer ein Schock. Auch dein Darm und dein Magen können auf die plötzliche Kälte reagieren. Gefrorene Smoothies haben einen negativen Einfluss auf die Verdauung – das solltest du im Kopf behalten. Wenn dir die Zeit fehlt, die Tiefkühlfrüchte aufzutauen, kannst du statt kaltem einfach warmes Wasser zugießen.

WAS IST DER UNTERSCHIED ZWISCHEN MIXER UND ENTSAFTER?

Entsafter und Saftpressen sind Küchenmaschinen, die Obst und Gemüse den Saft entziehen und ihn vom Fruchtfleisch trennen. Der aufgefangene Saft ist im Prinzip ein Smoothie ohne jegliche Fasern. In dieser Form können alle Vitamine, Mineralien und Vitalstoffe sehr einfach aufgenommen werden, was du unmittelbar an deinem Energielevel merkst. Durch die fehlenden Fasern ist dieser Saft sehr geeignet für Menschen, die grüne Smoothies nicht gut verdauen können und davon Magenprobleme bekommen. Auch werden Zucker und alle anderen Nährstoffe schneller aufgenommen, wodurch der Blutzuckerspiegel in die Höhe schnellen kann, vor allem wenn Obst dabei ist. Hier sollten Diabetiker oder für Diabetes gefährdete Menschen achtgeben, ebenso an Candidose Erkrankte. In diesen speziellen Fällen kann es besser sein, reine Gemüsesäfte ohne Obst zu trinken oder grüne Smoothies mit möglichst wenig Obst. Hierzu mehr in Kapitel 7.

Eine Saftpresse ist zwar sehr einfach zu bedienen, aber die Reinigung ist viel aufwendiger als die eines Mixers. Auch aus diesem Grunde verwende ich lieber einen Mixer.

AUCH IN EINEM MIXER LÄSST SICH FEINER SAFT HERSTELLEN:

- Nimm nur Gemüse, das viel Wasser enthält, zum Beispiel Gurken und Staudensellerie, und gieße 125 Milliliter Wasser zu.
- Püriere alles, bis es vollständig cremig ist.
- Füge die übrigen Zutaten hinzu.
- Püriere alles ein zweites Mal.
- Passiere die Mischung durch einen Nussmilchbeutel, ein feines Sieb oder ein altes T-Shirt und fange die Fasern auf.

>

2 ✽ GEMÜSE

Gemüse und Obst bilden gemeinsam die Grundlage für jeden grünen Smoothie. Die Gemüsesorten, die dafür verwendet werden, fallen in eine besondere Kategorie: Blattgemüse.
Der Grund, warum wir einzig Blattgemüse verwenden, ist, dass sie im Gegensatz zu allen anderen Gemüsesorten keine Stärke enthalten. Daher kann man Blattgemüse mit Obst mischen, ohne dass es gärt und man Bauchschmerzen und Blähungen bekommt. Du bist unsicher, wann du es mit Blattgemüse zu tun hast? Blattgemüse ist grün – zweifellos – und du kannst dir die Blätter um die Finger wickeln. Einzige Ausnahme ist Sellerie, dessen Stängel man sich zwar nicht um die Finger wickeln kann, die aber trotzdem zu den Blattgemüsen gehören.

BIO? LOGISCH, ODER?

Nach meiner Ansicht sollte man für grüne Smoothies nur bestes biologisch oder selbst angebautes Gemüse verwenden. Wissenschaftliche Untersuchungen haben ergeben, dass der Nährwert von Biokost höher ist als der von konventionell angebautem Obst und Gemüse. Nicht nur Vitamin C, sondern auch Eisen, Magnesium und Phosphor weisen im Bio-Gemüse eine höhere Konzentration auf. Im biologisch angebauten Blattgemüse wurde außerdem weniger Nitrat nachgewiesen. Ein weiterer großer Vorteil ist, dass Bio-Gemüse nicht mit giftigem Herbizid gespritzt wurde, womit man allen damit verbundenen Gesundheitsrisiken problemlos aus dem Weg geht.
Toll ist es natürlich, wenn du im eigenen Garten Nutzpflanzen selbst ziehen kannst. Der Boden sollte dafür eine gute Qualität haben. Du kannst dann die verschiedenen Obst- und Gemüsesorten anbauen, was sehr praktisch ist, weil nicht alle Blattgemüse leicht erhältlich sind.

BLATTGEMÜSE

Zum Glück gibt es viele Blattgemüsesorten, die für grüne Smoothies geeignet sind. So braucht man nicht ständig dasselbe zu nehmen und der Geschmack der Smoothies ist immer wieder neu. Blattgemüse hat einen sehr hohen Nährwert und ist dadurch ideal für den täglichen Verzehr geeignet. Es ist reich an Ballaststoffen, die für eine gute Darmfunktion sorgen, und enthält viele Vitamine, Mineralstoffe, Chlorophyll und Karotin. Was Blattgemüse hingegen wenig hat, sind Kalorien, und auch auf den Blutzuckerspiegel hat es kaum Einfluss. Es enthält relativ viel Eiweiß und gleicht Folgen der Übersäuerung aus, die industriell verarbeitete Lebensmittel, Stress, Zucker, Koffein und Alkohol in unserem Körper hinterlassen haben, wodurch Krankheiten zurückgedrängt werden. Alles großartige Eigenschaften, wie ich finde, und ein guter Grund, so oft wie möglich Blattgemüse zu essen oder zu trinken.

Schon gewusst …

… dass Pak Choi eines der nahrhaftesten Blattgemüse ist und schon seit Jahrhunderten in der chinesischen Heilkunde eingesetzt wird? Es enthält sehr viel Vitamin A (unerlässlich für ein gut funktionierendes Immunsystem), Vitamin C, ein starkes Antioxidans und viel Kalium, das positiv auf Muskeln und Nerven wirkt.

DIESE BLATTGEMÜSE KANNST DU BEISPIELSWEISE VERWENDEN:

- Endivie
- Grünkohl
- Kopfsalat
- Chinakohl
- Eichblattsalat
- Das Grün von Karotten, Radieschen, Brokkoli und Roter Bete
- Sprossen
- Lamsoor
- Pak Choi
- Postelein
- Rübstiel
- Rote Melde
- Romanasalat
- Rucola*
- Staudensellerie
- Mangold
- Spinat
- Feldsalat
- Brunnenkresse*
- Eiskraut

* *Vorsicht beim Gebrauch von Rucola und Brunnenkresse. Der sehr bittere Geschmack kann auch von der süßesten Frucht nicht übertüncht werden.*

Die Liste der möglichen Blattgemüse ist unendlich lang. Ich habe mich hier für die Sorten entschieden, die in vielen Naturkostläden erhältlich sind. Wenn du die ganze Liste durchprobiert hast, empfehle ich den Besuch eines Asia-Ladens. Hier gibt es ganz andere, exotische Blattgemüse, mit denen sich herrlich experimentieren lässt.

WIE SIEHT ES MIT KOHL AUS?

Für Gemüse gilt eigentlich immer, dass man es nach Lust und Laune abwechseln kann. Bei rohem Kohl aber muss man ein bisschen aufpassen, denn er enthält sogenannte strumigene Substanzen, die sich negativ auf die Funktion der Schilddrüse auswirken können. Diese strumigenen Substanzen hemmen die Aufnahme von Jod, das für die Produktion der Schilddrüsenhormone benötigt wird. Wenn man also zu viel rohen Kohl verzehrt, vermindert das die Bildung dieser Hormone. Wer sowieso schon unter einer Schilddrüsenunterversorgung leidet, sollte nicht unbedingt Kohl in seinen grünen Smoothies verwenden oder ihn zuvor dämpfen. Und wie oft darf man sonst Kohl in seine grünen Smoothies mixen? Aus meiner persönlichen Erfahrung empfehle ich es ein- bis zweimal die Woche. Zum Glück gibt es genügend andere köstliche Blattgemüse.

NO ICE, ICE BABY

In der Liste oben fehlt der Eisbergsalat. Ich habe ihn bewusst weggelassen, weil er im Vergleich zu allen anderen Salatsorten nur sehr wenig Nährwert besitzt. Er besteht vor allem aus Wasser. Natürlich ist es nicht schädlich, Eisbergsalat zu verwenden, aber mit den anderen Gemüsesorten hast du mehr von deinem grünen Smoothie.

KRÄUTER

Kräuter sind eine großartige Zugabe für grüne Smoothies. Wo Blattgemüse oft bitter und wenig schmackhaft ist, geben Kräuter dem Smoothie die richtige Würze. Es lohnt sich, selbst Kräuter im Garten, im Blumentopf auf dem Balkon oder auf der Fensterbank in der Küche zu ziehen. Sie sind sehr pflegeleicht, und es geht nichts über einen grünen Smoothie mit Kräutern, die man selbst mit Liebe gezüchtet hat.

Kräuter schmecken aber nicht nur großartig, sie sind auch sehr nahrhaft und haben so manche medizinische Wirkung. Meine persönlichen Favoriten siehst du in unten stehender Liste. Bei Smoothies brauchst du dich nicht auf eine Sorte zu beschränken, sondern kannst einfach drauflosvariieren. Wie wäre es zum Beispiel, einen herrlichen Smoothie aus Zitrone, Mango und Spinat mit Zitronenmelisse und Minze aufzupeppen?

- Basilikum
- Zitronenmelisse
- Zitronenverbene
- Dill
- Koriander
- Minze: Marokkanische Minze und Zitronenminze sind meine Favoriten
- Petersilie
- Fenchel

FRISCH AUS DER NATUR

Wenn du die Kräuter frisch aus der Natur holst, wird das Zubereiten von Smoothies noch spannender. Suche dir einen schönen (etwas abgelegenen) Fleck, wo die gewünschten Kräuter wachsen, und wasche sie gründlich, bevor du sie in den grünen Smoothie gibst.

- Brennnessel (Handschuhe beim Pflücken und Verarbeiten nicht vergessen)
- Melde
- Löwenzahn
- Giersch
- Ampfer

>

Dom. Rep.
Banaan
€2.50
kg

3 ✻ OBST

Obst ist DIE Wunderzutat der grünen Smoothies. Blattgemüse ist zwar sehr gesund, schmeckt aber, um ehrlich zu sein, nicht immer wirklich gut. Wenn du Obst dazugibst, schmeckt man das Blattgemüse weniger und der Smoothie wird schön süß. Im Prinzip sind alle Obstsorten geeignet, frisch oder tiefgefroren. Für alle Fälle ist es praktisch, immer etwas Obst in der Tiefkühltruhe zu haben. Hat man dann einmal vergessen, frische Zutaten einzukaufen, findet sich dort die Notreserve. Auch für Obst gilt: am besten Bio! Wenn das einmal nicht klappt, musst du die Früchte gut waschen oder eventuell schälen. Eine verblüffende Obstsorte ist die Avocado. Sie schenkt dem Smoothie zwar keine Süße und übertüncht auch nicht den Geschmack der Blattgemüse, macht das Getränk aber unglaublich cremig und hat viel Vitamin E, was sehr gut für die Haut ist. Außerdem wird der Smoothie dadurch zu einer vollständigen Mahlzeit. Die Fette in der Avocado sorgen für eine Verlangsamung der Zuckerfreigabe, wodurch dein Blutzuckerspiegel gleichmäßig bleibt.

ALS FRUCHT NUR DAS BESTE

Achte beim Einkauf darauf, nur die allerbesten Früchte zu erwischen. Teste, ob sie keine weichen Stellen haben, und untersuche sie auf Schimmel. Ein dunkler Fleck an einem Apfel oder einer Birne macht nichts aus, er wird nichts am Geschmack verändern. Nimm auf jeden Fall immer reifes Obst. Für weiche Früchte wie Avocado, Nektarinen, Pflaumen, Mangos und Aprikosen gilt, dass sie reif sind, wenn sie auf Druck leicht nachgeben. Ein Trick, um eine Ananas zu testen, ist, sanft an den oberen Blättern zu ziehen. Wenn sie sich leicht lösen lassen, bedeutet das, dass die Ananas reif ist. Auch der Geruch sagt schon viel aus: Wenn du oben an der Ananas schnupperst und einen süßen Geruch wahrnimmst, ist die Ananas reif für einen leckeren grünen Smoothie. Reife Bananen sollten sich fest anfühlen und dunkle kleine Punkte haben; dann sind sie perfekt.
Wenn du unreife Früchte verwendest, verändert das den Geschmack der grünen Smoothies extrem. Denn reifes Obst enthält nicht nur nützliche Verdauungsenzyme, sondern ist auch herrlich süß, was für die grüne Geschmackssensation natürlich unfassbar wichtig ist.

SCHÄLEN ODER NICHT?

Obstsorten mit dicker Schale solltest du vor der Verwendung immer schälen. Ananas, Melone, Bananen, Zitrusfrüchte, Mango, Avocado, aber auch Kiwis fallen darunter. Äpfel, Birnen, Trauben und Beeren musst du nicht unbedingt schälen, darfst es aber natürlich gerne tun. Ich schäle meine Bio-Äpfel und -Birnen nicht, aber wenn sie gespritzt sind, nehme ich mir lieber doch die Zeit dafür. Das Kerngehäuse schneide ich allerdings immer heraus, weil die Kerne eine kleine Menge an Cyaniden enthalten. Unser Körper kann die giftigen Stoffe in diesen kleinen Mengen zwar verarbeiten (und sogar unschädlich machen), aber trotzdem verzichte ich in meinen Smoothies lieber darauf. Wurzelgemüse muss nicht geschält, sollte aber ebenso wie Blattgemüse gründlich gewaschen und geputzt werden. >

4 ✽ WASSER

Wasser scheint etwas zu sein, über das man nicht groß nachzudenken braucht. Doch auch bei der Wahl des Wassers, das du für deine Smoothies verwendest, gilt es, Entscheidungen zu treffen. Denn auch wenn unser Trinkwasser von guter Qualität ist, enthält es doch Bestandteile, die du wohl eher nicht trinken möchtest, beispielsweise Reste von Medikamenten. Zudem ist die Kalziumkonzentration relativ hoch.

Ich selbst kaufe am liebsten Quellwasser aus Glasflaschen. Glas ist ein inertes Material, was heißt, dass es keine Schadstoffe abgibt, wie beispielsweise Plastik. Eine andere Möglichkeit ist, das Trinkwasser zu filtern. Hierfür sind verschiedene Wasserfilter in unterschiedlichen Preisklassen auf dem Markt: zum Beispiele Kannen mit integriertem Wasserfilter oder ganze Filtersysteme, mit denen das gesamte Trinkwasser im Haus gefiltert wird. Auch wenn ich selbst mein Trinkwasser nicht immer filtere, ist mir bewusst, dass sich darin noch winzige Reste von Medikamenten und Chlor befinden. Die Mühe, das Leitungswasser zu filtern, lohnt also. Gefiltertes Wasser hat zudem einen viel weicheren Geschmack.

5 ✽ GLASGEFÄSSE

Man braucht sie nicht zwangsläufig, um grüne Smoothies zuzubereiten, doch es kann sehr praktisch sein, ein paar Glasgefäße zur Hand zu haben. Die Rezepte in diesem Buch berechnen sich oft für mindestens 1,5 Liter, was für viele Menschen zu viel ist, um es auf einmal zu trinken – vor allem wenn man gerade erst mit den grünen Smoothies begonnen hat.

Du kannst die Smoothies in einem gläsernen, luftdicht verschlossenen Gefäß bis zu drei Tage aufbewahren, und diese Möglichkeit solltest du auch nutzen. Wenn du zum Beispiel morgens sehr früh zur Arbeit musst, kannst du schon am Abend vorher deinen Smoothie vorbereiten. Am Morgen brauchst du dann nur noch in den Kühlschrank zu greifen und genießen! Wenn ich Smoothies für unterwegs mitnehme, benutze ich gern alte Erdnussbutter-Gläser. Die finde ich ideal. Natürlich kannst du auch Marmeladengläser, Gurkengläser, Saftflaschen oder Einmachgläser verwenden. Sie sind schön groß und haben gut sitzende Deckel, sodass der Smoothie nicht ausläuft. Bevor du ihn trinkst, solltest du den Smoothie immer gut schütteln. Die nicht aufgelösten Fasern steigen nämlich mit der Zeit nach oben, was nicht so gut schmeckt. Um deinen Smoothie noch haltbarer zu machen, kannst du etwas Zitronensaft hinzufügen. Die hohe Konzentration von Vitamin C ist nicht nur gesund, sondern schützt deinen Smoothie auch vor Oxidation, wodurch er länger frisch bleibt.

6 ✽ STROHHALME

Strohhalme sind keine Pflicht für grüne Smoothies, aber ich persönlich benutze sie gern von Zeit zu Zeit. Ideal sind Strohhalme, die etwas breiter sind als die Standardvariante, damit die etwas sämigen Smoothies auch hindurchgehen. Der Umwelt zuliebe sind Strohhalme aus Glas, rostfreiem Stahl oder Papier zu bevorzugen, was aber natürlich jeder selbst entscheiden kann. Strohhalme aus Papier kann man nach der Verwendung wegschmeißen, Röhrchen aus rostfreiem Stahl oder Glas sind wiederverwendbar. Hierfür ist es praktisch, sich eine spezielle Bürste anzuschaffen, um sie gründlich zu reinigen.

ZUM SCHLUSS

WIE MACHT MAN GRÜNE SMOOTHIES? EINE SCHRITT-FÜR-SCHRITT-ANLEITUNG

1 ✳ Suche dir ein Rezept aus, das für dich gut klingt. Wenn du noch nie grüne Smoothies getrunken hast, nimmst du ein Anfängerrezept aus der Kategorie „Für Grünschnäbel".
2 ✳ Wasche das Obst und Gemüse und schneide es in kleine Stücke.
3 ✳ Gib einen Teil des Obstes und/oder des Gemüses in den Mixer.
4 ✳ Füge nach Bedarf Wasser hinzu. Ich verwende meistens ca. ½ Liter. Püriere so lange, bis alles zermahlen ist. Eine perfekt gleichmäßige Masse braucht es jetzt noch nicht zu sein.
5 ✳ Gib alle weiteren Zutaten hinzu und lass den Mixer so lange laufen, bis der Smoothie richtig cremig ist.
6 ✳ Schmecke selbst ab, ob du noch mehr Wasser zugeben willst oder ob dein Smoothie bereits die gewünschte Konsistenz hat.
7 ✳ Am besten sofort genießen! ✽

3

MACH DAS BESTE AUS DEM GRÜN

Grüne Smoothies sind einfach und schnell zuzubereiten. Wann aber ist der beste Zeitpunkt, sie zu trinken? Und welche Menge an Smoothie liefert die besten Ergebnisse? Auch wenn für das Trinken der grünen Drinks wenig Regeln gelten, gibt es doch einige Richtlinien, die dir helfen, für den Rest deines Lebens mit größter Freude grüne Smoothies zu genießen.

Wer damit anfängt, grüne Smoothies zu trinken, fragt sich vermutlich, wie er den größtmöglichen Vorteil daraus ziehen kann. Gut zu wissen, dass man bei grünen Smoothies eigentlich nichts falsch machen kann. In diesem Kapitel gebe ich dir ein paar Tipps, die für mich gut funktioniert haben. Vielleicht nützen sie auch dir etwas, doch habe keine Scheu, deine eigenen Entscheidungen zu treffen. Es ist deine grüne Party!

WANN IST DIE BESTE ZEIT, GRÜNE SMOOTHIES ZU TRINKEN?

Eigentlich ist jeder Moment des Tages gut geeignet, um einen grünen Smoothie zu trinken. Ich persönlich finde es großartig, den Tag damit zu beginnen. Der Smoothie versorgt deinen Körper mit Vitaminen, Mineralien und Flüssigkeit – sehr willkommen nach einer Nacht des Fastens – und diese Kombination schenkt dir viel Energie und das Gefühl, satt zu sein. Was für eine tolle Art, den Tag zu beginnen! Ein Zusatzeffekt des grünen Starts ist, dass man sich auch für den Rest des Tages beim Essen oft für die gesündere Variante entscheidet.

SNACK ODER MAHLZEIT?

Grüne Smoothies eignen sich für beide Varianten bestens. Als Snack kann man sie über den ganzen Tag verteilt trinken. Sie sättigen sehr gut, sind nahrhaft und verhindern, dass man aus Hunger nach ungesunden Dingen greift. Du könntest zum Beispiel 1 Liter grünen Smoothie mit zur Arbeit nehmen und immer, wenn du Hunger bekommst, ein Glas trinken. Deine Kollegen werden dich anfangs wahrscheinlich komisch anschauen, sich aber sehr schnell für das grüne „Gesöff" interessieren, wenn sie sehen, wie strahlend und energiegeladen du durch den Tag kommst.

Wenn du mit grünen Smoothies eine Mahlzeit ersetzen willst, ist mein einziger Rat, so viel zu trinken, bis du absolut keinen Hunger mehr hast. Dann hast du auf jeden Fall ausreichend getrunken. Das heißt, dass du möglicherweise auf einen Schlag 1,5 Liter trinkst (Schulterklopfer für dich). Achte darauf, dass du in der Stunde nach deiner Smoothie-Mahlzeit nichts anderes zu dir nimmst. Denn so kann sich dein Körper nur mit der Verdauung des grünen Wunders beschäftigen und dir bleibt viel Energie für andere Dinge. Wenn du mehr als eine Mahlzeit pro Tag durch einen Smoothie ersetzt, empfehle ich dir, zusätzlich etwas Eiweiß in Form von Eiern, Fleisch oder Fisch zu dir zu nehmen, entweder als Snack oder zeitgleich mit dem Smoothie. Trinke zuerst den Smoothie und gönne dir danach eine Portion Eiweiß.

MUSS ICH AUCH NOCH ETWAS ANDERES ESSEN?

Es hängt ganz von deinem Ziel ab, ob es sinnvoll ist, alle Mahlzeiten durch grüne Smoothies zu ersetzen oder nur ein Glas pro Tag zu trinken. Grüne Smoothies zu trinken sollte keine Diät sein, sondern eine Gewohnheit, die du dir für längere Zeit zu eigen machen möchtest, vielleicht sogar für den Rest deines Lebens. Darum empfehle ich, nicht ausschließlich Smoothies zu trinken, sondern auch gesund zu essen. Beginne den Tag zum Beispiel mit einem grünen Smoothie und iss zum Mittagessen einen köstlichen, abwechslungsreichen Salat mit Nüssen und proteinreichen Zutaten.

Wenn du ein bestimmtes Ziel verfolgst (zum Beispiel an einer bevorstehenden Feier großartig auszusehen oder ein Wochenende mit ungesundem Essen auszugleichen), kannst du natürlich mit grünen Smoothies eine kurze Reinigungskur von mehreren Tagen machen. Während dieser Kur trinkst du nur grüne Smoothies und Wasser. Weil du während dieser Zeit keine essenziellen Fette und zu wenig Eiweiß aufnimmst, solltest du das nicht über einen längeren Zeitraum tun.

WIE VIELE GRÜNE SMOOTHIES DARF ODER SOLLTE ICH TRINKEN?

Die besten Ergebnisse (mehr Energie, eine schöne Haut, Gewichtsverlust, Linderung von Cellulite etc.) werden erzielt, wenn man mindestens 1 Liter grünen Smoothie pro Tag trinkt. Wichtiger aber ist, auf seinen Körper zu hören. Wenn du dich mit einem Glas pro Tag besser fühlst, solltest du dich darauf beschränken – jedenfalls erst einmal. Denn ob du es jetzt glaubst oder nicht, dein Körper wird schon bald nach 1 Liter Smoothie verlangen, so viel sich das auch anhört. Und wenn du mit einem Glas pro Tag anfängst, bist du schon auf dem richtigen Weg. Wenn es dir gut bekommt, kannst du die Menge auf zwei Gläser pro Tag erhöhen und so weiter.

Manche Menschen können sich problemlos auf 1 Liter grünen Smoothie pro Tag steigern, andere müssen sich vorsichtig herantasten. Finde selbst heraus, was für dich das Richtige ist.

Auch wenn du mit nur einem Glas Smoothie beginnst, wirst du vermutlich schon bald eine Wirkung spüren, aber der Effekt wird größer, je mehr du trinkst. Arbeite langsam auf 1 oder sogar 1,5 Liter hin und fühle dich großartig dabei. Wenn du gern abnehmen würdest, empfehle ich dir, ein bis zwei Mahlzeiten durch grüne Smoothies zu ersetzen. Trinke zum Beispiel zum Frühstück so viel davon, wie du magst, und iss für den Rest des Tages, was du sowieso essen würdest. Eine zweite Mahlzeit kannst du auch ersetzen, aber dann solltest du deiner Eiweißversorgung zuliebe zusätzlich etwas mageres Fleisch, Fisch oder Ei essen. Wenn du grüne Smoothies aus gesundheitlichen Gründen trinkst, hast du die freie Wahl. Finde selbst heraus, welcher Moment des Tages für einen grünen Smoothie gut geeignet ist. Ich selbst trinke meist 1 Liter Smoothie zum Frühstück und später noch eine kleinere Portion als Zwischensnack, wenn ich Hunger bekomme.

TIPPS FÜR ANHALTENDEN ERFOLG

Wer voller Begeisterung damit beginnt, grüne Smoothies zu trinken, mixt sich meist zunächst problemlos täglich etwas zusammen. Doch bei vielen Leuten flacht diese Begeisterung leider schnell ab, und zwar meist, weil es ihnen nicht abwechslungsreich genug ist. So mancher hört sogar wieder ganz damit auf, was natürlich sehr schade ist. Mit ein paar einfachen Tipps kannst du dich selbst bei der Stange halten und für bleibenden Erfolg sorgen.

- Experimentiere am Anfang viel mit den unterschiedlichen Geschmacksrichtungen, damit du herausfindest, was dir schmeckt. So findest du auch heraus, wie du die Zutaten am besten kombinierst. Ideal wäre, wenn du letztendlich auf mindestens fünf Top-Rezepte kommst, die dir immer und überall ein gutes Gefühl geben. Wenn du diese Rezepte oft verwendest, brauchst du schon bald keine Anleitung mehr. So hast du immer etwas in der Hinterhand, wenn dir für eine Weile nichts Neues einfällt.

- Achte darauf, dass du immer Obst in der Tiefkühltruhe hast, damit es dir nie ausgeht. Ich persönlich kaufe gern tiefgefrorene Erdbeeren und Mangos und friere zudem überreife Bananen ein. Sie machen den Smoothie cremig und zudem wunderbar süß.

- Wechsel die Rezepte regelmäßig, damit sich deine Geschmacksnerven nicht langweilen.

- Gib auch mal überraschende Zutaten hinzu, die deinem grünen Smoothie einen ganz neuen Geschmack geben. Wie wäre es zum Beispiel mit Kokosmilch, Orangensaft oder frisch gepresstem Apfelsaft statt dem üblichen Wasser? Du kannst auch getrocknetes Superfood für den extra Geschmackskick zufügen. Lies hierzu weiter in Kapitel 9 „Pimp up your Smoothie“.

- Sorge dafür, dass du immer einen vorbereiteten Smoothie in der Tiefkühltruhe oder im Kühlschrank hast. Schneide dafür zum Beispiel Obst in kleine Stücke und gib es zusammen mit dem Blattgemüse in eine verschließbare Tüte. So brauchst du einfach nur den Inhalt der Tüte in den Mixer zu geben und Wasser hinzuzufügen. Einfach super am stressigen Morgen!

- Sei nicht zu streng mit dir selbst, wenn du mal keine Lust auf grüne Smoothies hast. Je weniger Druck du dir machst, desto mehr Genuss wirst du haben und desto größer ist auch die Chance, dass du die grünen Drinks für den Rest deines Lebens trinken wirst. Versuche, sie so gut es geht in deinen Alltag zu integrieren, aber sei nachsichtig mit dir selbst, wenn du vielleicht doch nicht ganz so fanatisch bist, wie du es eigentlich vorgehabt hast.

- Lege dir eine gute Ausstattung zu. Mixer gibt es zum Beispiel in allen Sorten und Preisklassen, und es ist die Mühe wert, ein gutes Modell zu wählen. Damit schmeckt der Smoothie nicht nur besser, sondern die Zubereitung macht auch weniger Arbeit. Wenig Geschnipple und fixes Pürieren – was will man mehr?

- Du solltest auch gute Gefäße haben, um die Smoothies zu transportieren. So kannst du sie ganz einfach zur Arbeit oder für unterwegs mitnehmen.

4

ABWECHSLUNG IST DER SCHLÜSSEL ZUM ERFOLG

Als ich damit begonnen habe, grüne Smoothies zu trinken, habe ich zunächst noch nicht sehr viele verschiedene Zutaten verwendet. Vor allem Spinat, mein Lieblingsgemüse, war häufiger dabei als alle anderen Blattgemüse. Später erst habe ich erfahren, dass das für meinen Körper gar nicht so gut war, da in Blattgemüse kleine Mengen an Alkaloiden, Nitraten und – in manchen Sorten sogar Oxalsäure stecken. Bei grünen Smoothies ist daher tatsächlich Abwechslung der Schlüssel zum Erfolg. In diesem Kapitel wird erklärt, warum das so ist und wie du das in deiner Küche umsetzen kannst.

Abwechslung ist ein Grundbedürfnis des Menschen. Sie sorgt dafür, dass wir uns nicht so schnell langweilen und den Geschmack an bestimmten Dingen nicht verlieren. Dies gilt auch für grüne Smoothies. Aber Variationen regen nicht nur die Geschmacksnerven an. Es gibt auch noch einen anderen Grund, warum diese Abwechslung – insbesondere beim Blattgemüse – so wichtig ist: die Alkaloide.

ALKALOIDE

Alkaloide sind stickstoffhaltige Verbindungen, die den Pflanzen einen bitteren Geschmack geben. In sehr kleinen Mengen findet man sie auch im Blattgemüse. In der Natur ist es ihre Aufgabe, die Pflanzen davor zu schützen, von wilden Tieren gefressen zu werden. Alkaloide haben in hoher Konzentration einen toxischen oder pharmakologischen Effekt auf Menschen und Tiere. Das bedeutet, dass sie entweder giftig sind oder Wirkung auf das zentrale Nervensystem haben. Es gibt Hunderte verschiedene Sorten von Alkaloiden. Ihre Namen enden in der Regel auf -in: Nikotin, Koffein, Morphin usw.

Unser Körper ist sehr gut in der Lage, sich gegen die Wirkstoffe der Alkaloide zu wehren, solange es kleine Mengen sind. In homöopathischen Dosen sind sie sogar gut für das Immunsystem. Wenn wir aber wochenlang immer wieder große Portionen des gleichen Blattgemüses zu uns nehmen, lagern sich die Alkaloide ein – und das kann im Körper Schaden anrichten. Eine Alkaloid-Intoxikation, die vorkommen kann, wenn man zu viel von einer bestimmten Blattgrünsorte gegessen hat, klingt zwar ernst, ist in diesem Zusammenhang aber nicht lebensbedrohlich. Die Symptome sind meist leicht und variieren zwischen Unlust auf das betreffende Blattgemüse oder auf grüne Smoothies im Allgemeinen, Bauchschmerzen, Verdauungsproblemen, Schläfrigkeit bis hin zu Kribbeln in den Fingern. Sobald man das entsprechende Blattgemüse weglässt, verschwinden die Symptome von selbst wieder. Weil die einzelnen Pflanzensorten unterschiedliche Alkaloide enthalten, ist es wichtig, sie bei den grünen Smoothies abzuwechseln. Zum Glück gibt es viele, die sich für die Zubereitung von Smoothies eignen (siehe auch Kapitel 2).

Bei mir sieht es inzwischen tatsächlich so aus, dass ich fast jeden Tag ein anderes Blattgemüse wähle. Manchmal kann es vorkommen, dass ich ein paar Tage hintereinander dasselbe verwende. Wenn ich zum Beispiel eine große Packung Tiefkühlspinat angebrochen habe, brauche ich sie erst auf, bevor ich etwas Neues kaufe. Und es ist auch absolut kein Problem, 2–3 Tage hintereinander dasselbe Blattgemüse zu verarbeiten und erst danach zum nächsten zu wechseln.

Um alles noch in die richtige Perspektive zu rücken: Auch wenn Blattgemüse kleine Mengen an Alkaloiden beinhaltet, ist es wichtig, zu wissen, dass wir diese Stoffe auch durch andere Nahrungsmittel aufnehmen. In Kaffee, Weißbrot und vielen anderen industriell verarbeiteten Lebensmitteln stecken viel mehr Alkaloide als in Blattgemüse. Jetzt fragst du dich vielleicht, ob man auch das Obst in den grünen Smoothies regelmäßig abwechseln muss. Obst beinhaltet keine bis fast keine Alkaloide, daher ist es auch nicht nötig, wegen einer möglichen Anreicherung mit Alkaloiden für Abwechslung zu sorgen. Trotzdem rate ich dazu, auch die Früchte zu variieren, um für viele verschiedene Vitamine, Mineralien und Antioxidantien zu sorgen. Das heißt nicht, dass es jeden Tag anderes Obst sein muss, nicht einmal jede Woche, aber denk nur an all die Saisonfrüchte: im Sommer köstliche Beeren und tropische Früchte und im Herbst frische Äpfel und Birnen – einfach himmlisch.

WAS PASST ZUSAMMEN?

Das Konzept der grünen Smoothies ist sehr einfach.
Blattgemüse + Obst + Wasser = grüner Smoothie
Meine Rezepte sind alle auf diese Weise aufgebaut. Alle Zutaten sind miteinander kombinierbar.

UND WAS IST MIT OXALSÄURE?

Die Gefahr von oxalsäurehaltigen Lebensmitteln und der Zusammenhang mit der Entstehung von Nierensteinen, den sogenannten Kalziumoxalaten, sind in aller Munde. Oxalate gehören zu den sogenannten Chelatliganden. Das bedeutet, dass sie in der Lage sind, wie eine Art Klammer Mineralien und andere Stoffe zu binden. Andere „Klammern" sind zum Beispiel Nitrate und Phytat (in der dünnen Haut enthalten, die Samen, Nüsse und Bohnen umgibt). Dieser chemische Prozess, der im Körper stattfindet, wird auch in der Medizin genutzt. Bei einer akuten Vergiftung wird dem Patienten zum Beispiel Kohl gegeben. Die Giftstoffe werden von dem Kohl angezogen und gebunden und über den Darm ausgeschieden. Auch EDTA wird genutzt, um Schwermetalle aus dem Körper abzuführen. EDTA ist die Abkürzung für das synthetische Produkt Ethylendiamintetraessigsäure und wurde bereits in den Dreißigerjahren des 20. Jahrhunderts entwickelt.

Die Superfoods Chlorella und Spirulina sind natürliche Stoffe, die ebenfalls als Chelaten wirken. Wer diese Superalgen täglich zu sich nimmt, hilft dem Körper, zu entgiften, und nimmt zusätzlich viele Vitamine und Mineralien zu sich. Oxalsäure hat die Neigung, sich an Kalzium zu binden, und senkt dadurch die Aufnahme dieses wichtigen Minerals. Wer zu viele oxalsäure- >

Schon gewusst …

… dass die meisten Salatsorten eine milchige Flüssigkeit absondern, wenn man die Blätter abbricht? Diese „Milch“ gibt dem Salat seinen bitteren Geschmack und seinen lateinischen Namen: Lactuca.

haltigen Lebensmittel verzehrt, riskiert daher einen Kalziummangel oder, bei entsprechender Veranlagung, Kalziumoxalatsteine (Nierensteine). Oxalsäure findet sich in verschiedenen Lebensmitteln wie Kakao, den meisten Nüssen, Beeren, Bohnen, Rüben, Rhabarber, Petersilie, Mangold und Spinat. Für oxalsäurehaltige Blattgemüse wie Spinat, Mangold und Petersilie gilt das Gleiche wie für alkaloidreiche Blattgemüse: Man sollte sie regelmäßig mit Sorten abwechseln, die einen niedrigen Oxalsäuregehalt haben, wie z.B. Grünkohl, Endiviensalat und Löwenzahn.

NITRATE

Nitrate sind im Blattgemüse enthalten und können sich vor allem dann anhäufen, wenn das Gemüse während der Wachstumsphase mit stickstoffhaltigem Dünger in Kontakt kommt. Über nitrathaltige Nahrung gibt es viele düstere Meldungen, vor allem weil sich Nitrat in schädliches Nitrit verwandeln kann. Da die Vitamine in Obst und Gemüse (vor allem Vitamin C) diese Verwandlung allerdings verhindern, ist die Belastung in rohem Gemüse sehr gering. Die Verwandlung von Nitrat in Nitrit geschieht vor allem beim Erhitzen und spielt damit für grüne Smoothies keine Rolle. Trotzdem ist es nicht schlecht, immer wieder zwischen den Blattgemüsesorten zu wechseln. Doch um alles einmal in die richtige Perspektive zu rücken: Fleisch und Fisch wird absichtlich Nitrit (also die schädliche Form) zugefügt, damit das Fleisch seine rote Farbe bekommt und länger haltbar ist, da Nitrit das Wachstum bestimmter Bakterien hemmt. Dies allein führt bei Nicht-Vegetariern schon zu einer täglichen Einnahme von 60–90 % der empfohlenen Höchstdosis. Meiner Meinung nach wiegen die Vorteile von rohem Obst und Gemüse die Nachteile des möglicherweise recht hohen Nitratgehalts absolut auf, aber dazu darf sich jeder seine eigene Meinung bilden.

ALKALOIDE, NITRATE UND OXALSÄURE PRAKTISCH BETRACHTET

Ganz ideal wäre es, jeden Tag ein anderes Blattgemüse zu verwenden. Damit verhindert man nicht nur eine erhöhte Aufnahme von Alkaloiden, Nitraten und Oxalsäure, sondern versorgt seinen Körper auch mit einer großen Vielfalt an Vitaminen, Mineralien und Antioxidantien und verhindert, dass man den Geschmack von grünen Smoothies schnell über hat. Jedes Blattgemüse hat nämlich einen anderen Nährwert und der Körper wird auf diese Weise ideal mit Nährstoffen versorgt.
Kombiniere einfach drauflos und genieße es!

BEIPACKZETTEL FÜR GRÜNE MEDIZIN

Dieses Kapitel ist eigentlich nichts anderes als der Beipackzettel bei Medikamenten – nicht gerade unterhaltsam, aber wichtig, um zu erfahren, was alles passieren könnte (auch wenn die Wahrscheinlichkeit sehr gering ist), wenn du zu häufig und zu lange dasselbe Blattgemüse verwendest. Mein Tipp: Fang einfach an, grüne Smoothies zu mixen – unbesorgt, aber mit dem Wissen im Hinterkopf, das du nun hast.

5

MEHR VITAMINE FÜR WENIGER EUROS

Wenn es für dich erst einmal alltäglich geworden ist, grüne Smoothies zu trinken, lohnt es sich, eine möglichst kostengünstige Zubereitung anzustreben. Wenn du dein eigenes Gemüse anbaust, saisonale Produkte kaufst und diese auch einfrierst, kannst du schon ganz schön viel sparen. Mit den sieben Tipps aus diesem Kapitel werden deine grünen Smoothies bezahlbar!

Es ist sehr wichtig, dass Smoothies nicht nur gut schmecken, sondern auch dein Budget schonen. Wenn du für jede Jahreszeit ein paar Lieblingsrezepte hast, kannst du aus saisonalem Obst und Gemüse große Vorteile ziehen. Gesunde Ernährung muss dann wirklich nicht teuer sein. Damit die grünen Smoothies bezahlbar bleiben, habe ich einige Tipps für dich, die ich selbst schon seit Jahren beherzige und die dir bereits nach wenigen Wochen einige Euros einsparen werden. Ist doch toll, oder?

GEMÜSE SELBST ZIEHEN

Kaufst du auch Jahr für Jahr neue Blumen für deinen Garten? Warum gibst du das Geld nicht stattdessen für essbare Pflanzen aus? Denn nichts ist so lecker wie selbst angebautes Bio-Gemüse. Es ist gesund, hat viel Geschmack und ist viel günstiger als das Gemüse im Laden. Ein zusätzlicher Vorteil ist, dass du ganz alleine entscheiden kannst, welches Gemüse im Garten wächst.

Als wir unseren ersten Gemüsegarten angelegt haben, habe ich mich daher auch gleich an Blattgemüsesorten gewagt, die man im Laden nicht so leicht bekommt: Mangold, Rote Melde und Postelein. Schon mit einem sehr kleinen Beet kann man viel erreichen. Unser Garten war nur 2 x 1,5 Meter groß, hat uns aber den ganzen Sommer mit frischem Gemüse versorgt – für das wir ungefähr 20 € investieren mussten. Sogar auf einem Balkon (am besten Südlage) kann man in Töpfen und Kästen Gemüse ziehen. Du wirst erstaunt sein, wie gut das funktioniert! Wie wäre es zum Beispiel mit frischen Kräutern als Geschmacksverstärker für deine grünen Smoothies? Oder mit herrlich saftigem Mangold?

Als wir noch in Antwerpen wohnten, habe ich sogar einmal versucht, Brennnesseln, mein liebstes Blattgemüse, auf der Fensterbank zu ziehen. Auch wenn das nicht sehr erfolgreich war, habe ich damals nicht gleich aufgegeben. Andere Pflanzen wie Minze und Blattsalat gingen sehr gut an, die haben wir auch sehr gern und mit Genuss gegessen.

Du hast in deinem Garten keinen Platz für ein Gemüsebeet? Dann pflanze doch einen Salatkopf oder ein paar Kräuter in die Blumenrabatten – zwischen die anderen Pflanzen. Die Kräuter ziehen Bienen an und verströmen einen herrlichen Duft.

Ein paar Beispiele für Gemüsesorten, die sich gut im eigenen Garten oder im Balkonkasten anpflanzen lassen, sind:

- Blattsalat
- Mangold
- Rübstiel
- Endivie
- Minze
- Petersilie
- Postelein
- Spinat
- Radieschen

SPROSSEN

Sprossen sind die jungen Vorläufer der Gemüse; kleine Kraftpakete voller Vitamine und Mineralien. Man kann sie im Supermarkt kaufen, aber auch für einen Bruchteil des Kaufpreises selbst ziehen. Im Gartencenter findest du praktische Anzucht-Sets, doch auch ohne diese Hilfe funktioniert es sehr gut. Nimm ein großes Glas von ungefähr 500 Milliliter Fassungsvermögen, gib 2 Esslöffel Keimsaat hinein und gieße mit Wasser auf. Lass die Saat ungefähr 12 Stunden einweichen, damit sie die Stoffe, die sich in einer Art „Ruhestellung" befinden, loslassen kann. Gieße das Wasser vorsichtig ab und lege ein Passiertuch, Gaze oder eine alte Strumpfhose über das Gefäß. Stelle es mit der Öffnung nach unten im 45°-Winkel auf, sodass das überschüssige Wasser ablaufen kann und die Sprossen nicht verschimmeln. Gib zwei Mal am Tag etwas Wasser auf die Saat und gieße dabei jedes Mal das überschüssige Wasser ab. Nach ungefähr fünf Tagen sind die Sprossen bereit zum Verzehr – für deine grünen Smoothies, im Salat oder auf einem Cracker.

Es gibt viele verschiedene Arten von Sprossengemuse und jedes hat seinen ganz eigenen Geschmack: Brokkolisprossen, Radieschensprossen, Luzerne oder Alfalfa, Gartenkresse, Sojasprossen, Lauchsprossen, Sonnenblumensprossen und so weiter. Meine persönlichen Favoriten sind Alfalfa und Sonnenblumensprossen, weil sie im Gegensatz zu manch anderen beinahe geschmacksneutral sind.

BANANEN – GUT GESCHÄLT!

Wenn du öfter auf den Markt gehst, weißt du sicher, dass man dort gegen Ende des Markttages immer ein gutes Geschäft machen kann. Auch im Supermarkt gibt es oft gute Angebote, aber dort musst du regelrecht danach suchen, während es dir auf dem Markt von überall her zugerufen wird.

Bananen werden oft verkauft, wenn sie noch leicht grün sind, und die meisten Kunden sind das auch so gewöhnt. Daher kommt es vor, dass ganze Ladungen überreifer Bananen weggeworfen werden, weil niemand sie haben will. Dabei sind genau diese Bananen perfekt für deinen Smoothie! Frag doch einfach mal nach, ob du sie für einen günstigeren Preis mitnehmen darfst (sofern sie nicht sowieso schon preisreduziert sind) – du wirst erstaunt sein, wie wenig du bezahlen musst! Jetzt denkst du vielleicht: „Was soll ich denn mit den vielen Bananen? Aber: Man kann sie sehr gut einfrieren! Dafür solltest du sie zuerst schälen, in zwei Hälften oder in Scheiben schneiden und in einen verschließbaren Gefrierbeutel geben, entweder einzeln oder mehrere zusammen. Ich persönlich finde es geschickter, sie einzeln zu verpacken. Wenn ich einen Smoothie machen möchte, kann ich einfach eine Banane aus der Tiefkühltruhe holen und verarbeiten. Praktisch!

KAUF SAISONALE PRODUKTE

Saisonale Produkte sind sowohl günstiger als auch nahrhafter als Obst und Gemüse, das in unserem Klima gerade nicht wächst. Es lohnt sich also, beim Kauf besonders auf Saisonalität zu achten. Grünkohl zum Beispiel ist im Winter günstig und nährstoffreich und fantastisch für deinen Smoothie, was will man mehr?

Wenn du eine große Tiefkühltruhe hast, kannst du den Vorteil saisonaler Produkte so richtig nutzen. Kaufe einfach große Mengen an Obst der Saison zu einem günstigen Preis und friere es anschließend gewaschen in Smoothie-tauglichen Portionen ein. Der Geschmack ist beim Auftauen immer noch gewaltig und der Nährwert bleibt erhalten. Auf diese Weise hast du immer Obst auf Vorrat und kannst auch im Winter günstige und grüne Smoothies mit sommerlichen Früchten herstellen.

REGIONALE PRODUKTE VOR!

Für regionale Produkte gilt dasselbe wie für Saisonprodukte. Halte die Augen nach Obst und Blattgemüse auf, das nicht aus weit entfernten Ländern, sondern am besten aus der Nähe stammt. Diese Lebensmittel waren auf dem Weg zum Supermarkt nicht tagelang in einer Kiste unterwegs, was sowohl dem Preis als auch dem Nährwert zugutekommt.

HEY, BAUER, WAS KOSTET DER SALAT?

Wenn du keinen Gemüsegarten anlegen kannst, kannst du dich natürlich in deiner Nachbarschaft nach jemandem umsehen, der einen hat. Meistens geht die Ernte von Gemüsegartenbesitzern weit über deren Eigenbedarf hinaus und ein großer Teil wird an Verwandte und Freunde abgegeben. Trau dich und frag einfach mal nach, ob du etwas davon abkaufen kannst. Es wird sicher günstiger sein als im Supermarkt.

Im Urlaub halte ich auch gern Ausschau nach Anbietern von frischem Gartengemüse. So habe ich auf meiner Lieblingsinsel Terschelling in den Niederlanden eine Top-Adresse für fantastisches Gemüse und Marmelade gefunden. Es ist jedes Mal ein Fest, dort zu sein und die köstlichsten Dinge mitzunehmen. Auf dem Campingplatz pürieren wir daraus in unserem kleinen Reisemixer grüne Smoothies. Was für ein Luxus!
Übrigens macht das nicht nur im Urlaub Spaß, sondern ist auch insgesamt eine tolle Art, günstige Produkte aus der Gegend zu kaufen. Vor allem auf dem Land sieht man oft Stände am Straßenrand mit frischem Obst und Gemüse für einen Bruchteil des Ladenpreises.

GRATIS-GESCHENKE AUS DER NATUR

Zu Beginn des Frühjahrs beginnt es in mir wieder zu kribbeln: Frische junge Brennnesseln zeigen ihre Spitzen, junger Löwenzahn, Giersch – die Welt ist ein einziges großes kulinarisches Paradies. Vielleicht kommt es dir im Moment noch komisch vor, einfach so in der Natur etwas zum Essen zu pflücken. Aber Blattgemüse, das an einer richtig schönen Stelle wächst, ist qualitativ um einiges besser als alles, was dir im Supermarkt angeboten wird. Einfach so, geschenkt – ist das nicht großartig? >

Bevor du begeistert beginnst, diese Geschenke der Natur zu hamstern, gebe ich dir noch einige Tipps mit auf den Weg:

1 ❁ Suche dir eine saubere Stelle, um Blattgemüse zu pflücken. Dazu gehört, dass dort keine Hunde herumlaufen, dass sie nicht an einer stark befahrenen Straße liegt und dass dort kein Unkrautvernichtungsmittel versprüht wird. In der Regel findest du solche Stellen auf schattigen Wiesen oder vielleicht auch in deinem eigenen Garten. Glaub mir, wenn du dich erst einmal an den Geschmack dieser wilden Naturgewächse gewöhnt hast, wirst du die Brennnesseln in deinem Garten mit liebenden Augen betrachten!

Wenn du unsicher bist, ob eine Stelle geeignet ist, lass lieber die Finger davon! Es gibt genügend eindeutig sichere Plätze, schau dich einfach noch ein bisschen weiter um. Wenn du eine schöne Wiese gefunden hast, solltest du eventuell versuchen, herauszufinden, wem sie gehört, und den Besitzer fragen, ob du Löwenzahn und Brennnesseln pflücken darfst. Wahrscheinlich wird man dich etwas seltsam anschauen, aber wenn du nicht gerade zufällig auf jemanden triffst, der selbst absoluter Fan grüner Smoothies ist, wird dir niemand verbieten, seine Wildkäuter zu pflücken. Und wenn du sowieso schon am Plaudern bist, kannst du auch gleich noch fragen, ob das Gemüse gespritzt ist.

2 ❁ Wenn du Brennnesseln pflückst, solltest du Handschuhe tragen. So wird das Ernten gleich viel angenehmer. Nimm nur die obersten 15 Zentimeter der Pflanze, das sind die jungen Blätter. Sie schmecken besser und du kannst aus ihnen nicht nur grüne Smoothies, sondern auch frischen Brennnesseltee kochen. Auch wenn du die Brennnesseln wäschst und in den Mixer gibst, solltest du die Handschuhe anbehalten. Sobald der Mixer seine Arbeit tut, verschwindet der schmerzende Effekt der Brennnesseln und du kannst deinen grünen Smoothie ganz beruhigt genießen.

3 ❁ Alles, was du in der Natur erntest, solltest du ebenso wie gekauftes Gemüse vor der Verwendung gründlich waschen. Nicht nur, um Sand, sondern auch, um ungewollte tierische Beilagen in deinem Smoothie zu vermeiden.

Neben kostenlosem Blattgemüse kannst du im Herbst auch sehr gut

Brombeeren pflücken. Sie sind sehr gesund und lecker, und es macht viel Spaß, sie zusammen mit Freunden und Verwandten von den Sträuchern zu sammeln. Wenn du sie wäschst und portionsweise einfrierst, hast du noch lange Freude an deinem Fund.

Du siehst, es gibt viele Möglichkeiten, deinen grünen Smoothie so günstig wie möglich herzustellen. Das Einfrieren reifer Bananen, das Anbauen von eigenem Gemüse und das Pflücken wilder Zutaten gehören zu meinen persönlichen Methoden. Entscheide selbst, was für dich am besten passt!

6

HILFE, ICH WERDE GESUND!

Wenn du begeistert anfängst, grüne Smoothies zu trinken, wirst du bald merken, dass sich an deinem Körper etwas verändert. Durch das viele frische Obst und Gemüse, das du jetzt zusammen mit Wasser zu dir nimmst, können die angereicherten Giftstoffe in deinem Körper ausgeschieden werden. Dieser Prozess wirkt sich bei jedem Menschen anders aus. Bei den einen äußert er sich in unbändiger Energie und Lebenslust, andere leiden unter weniger schönen Entgiftungserscheinungen wie Kopfschmerzen und Magenproblemen. Daher ist es wichtig, dieses Kapitel zu lesen, wenn du gerade erst damit anfängst, Smoothies zu trinken, damit der Start ins grüne Abenteuer keine unangenehmen Überraschungen für dich bereithält.

Als ich vor einigen Jahren damit begonnen habe, grüne Smoothies zu trinken, ging eigentlich alles wie von selbst. Es fühlte sich für mich sofort gut an, und intuitiv wusste ich, dass es für meinen Körper genau das Richtige ist. Durch diese Begeisterung und weil ich selbst keine Entgiftungserscheinungen hatte, habe ich mir nie über eventuelle Probleme Gedanken gemacht, die auftreten können. Aber als sich andere Menschen aus meinem Umfeld – angestachelt von meinem Enthusiasmus – ebenfalls darauf einließen, bekamen manche von ihnen Beschwerden. Der eine hatte Kopfschmerzen, der zweite Durchfall, anderen wurde schlecht oder sie fühlten sich einfach krank. Überzeugt von den gesundheitlichen Vorteilen grüner Smoothies wollte ich herausfinden, was die Ursachen für diese Beschwerden sind und was man dagegen tun kann.

Bald schon kam ich dahinter, dass die unangenehmen Symptome der Betroffenen nichts anderes als Entgiftungserscheinungen waren. Durch die große Menge an Obst und Gemüse, gepaart mit viel Flüssigkeit, kann der Körper nun Toxine (Giftstoffe) ausleiten, die sich im Laufe der Jahre angereichert haben. Wenn diese Toxine freigesetzt werden, kann das zu Kopfschmerzen und Übelkeit führen und man kann sogar krank werden. Abhängig vom bisherigen Lebensstil variieren diese Nebenwirkungen von mild bis heftig. Wenn deine Kopfschmerzen und deine Übelkeit von der Entgiftung herrühren, wirst du, sofern du von nun an täglich grüne Smoothies trinkst, nach spätestens zwei Wochen davon erlöst sein. In sehr seltenen Fällen kann es auch etwas länger dauern. Doch meistens sind diese Erscheinungen sogar schon nach wenigen Tagen Geschichte.

Aber bedenke: Je mehr du unter Entgiftungserscheinungen leidest, desto nötiger hat dein Körper die grünen Smoothies. Wenn du schon vermutest, dass du heftig reagieren könntest, dann beginn langsam und beobachte deinen Körper.

WAS SOLL ICH TUN?

Du kannst mit deinen Entgiftungserscheinungen auf verschiedene Weise umgehen. Das Wichtigste ist, dass du viel Wasser trinkst und dich ausruhst/schläfst, sobald du dich schlecht fühlst. Auf diese Weise gibst du deinem Körper die Möglichkeit, die Abfallstoffe abzubauen und sich zu erholen. Aber natürlich muss man dafür auch die Gelegenheit und die Zeit haben.

Du unterstützt deinen Körper, indem du viel schwitzt, denn das beschleunigt den Abbau der Toxine und die unangenehmen Folgen der Entgiftung verschwinden schneller. Du könntest zum Beispiel Sport treiben, in die Sauna gehen oder deinen Körper mit einer weichen Hautbürste aus dem Reformhaus abbürsten.

Außer Kopfschmerzen und Müdigkeit können die grünen Smoothies auch Auswirkungen auf den Magen-Darm-Trakt haben. Durchfall, Verstopfung und Übelkeit sind die häufigsten Symptome. Es kann sein, dass du auf rohes Gemüse empfindlich reagierst, weil dein Körper (noch) nicht in der Lage ist, es gut zu verarbeiten. Dies ist vor allem bei Menschen der Fall, die sich jahrelang hauptsächlich von industriell verarbeiteten Lebensmitteln ernährt haben, viele Medikamente eingenommen haben oder zum Beispiel unter dem Leaky-Gut-Syndrom leiden („durchlässiger Darm"), kann aber auch sonst auftreten.

Oft lassen sich diese Nebenwirkungen vermeiden, indem man statt grüner Smoothies grünen Saft trinkt. So nimmt man zwar alle Nährstoffe auf, nicht aber die Fasern, was den Magen und vor allem den Darm weniger belastet. So kannst du dich Schritt für Schritt oder besser Glas für Glas an das Trinken nährstoffreicher Drinks gewöhnen, bis dein Körper in der Lage ist, sie problemlos zu verarbeiten.

Saft kannst du mit einer Saftpresse herstellen oder aber auch mit dem Standmixer. Dafür stellst du nach Rezept einen ganz normalen grünen Smoothie her (füge am besten etwas mehr Blattgemüse hinzu als angegeben, damit sich die Fruchtzuckermenge im Verhältnis senkt) und passierst ihn anschließend durch ein feines Sieb oder durch ein T-Shirt, sodass die Fasern aufgefangen werden. Die Fasern kannst du anschließend einfach auf den Kompost geben oder, wenn du welche hast, an die Hühner verfüttern.

DIE PLUSPUNKTE

Was du gerade gelesen hast, weckt bei dir vielleicht den Eindruck, dass Entgiftungserscheinungen einfach dazugehören, wenn man grüne Smoothies trinkt. Da kann ich dich beruhigen. Die meisten Leute, die mit den grünen Wunderdrinks anfangen, sind einfach nur begeistert. In der Regel bekomme ich positive Rückmeldungen: Die Leute haben plötzlich mehr Power, leiden nicht mehr unter Fressattacken, schwärmen von reinerer Haut, haben festere Fingernägel und ein besseres Immunsystem. Auch haben schon viele Menschen einiges an Gewicht verloren, nur weil sie mit den grünen Smoothies begonnen haben.

Wenn du als „neuer" Smoothie-Fan doch unerwartet Probleme bekommst, dann denke positiv. Dein Körper ist einfach nur schwer am Arbeiten, um ungewünschte Stoffe loszuwerden.

7

EINEN SMOOTHIE SPEZIAL, BITTE!

In besonderen Lebenssituationen sollte man seine Ernährung noch bewusster an seine Bedürfnisse anpassen. Daher richtet sich dieses Kapitel an Menschen, die gern abnehmen möchten, unter Candidose leiden oder Diabetes haben. Durch kleine Abwandlungen gibt es nämlich auch bei diesen Krankheiten kein Problem mit den grünen Smoothies. Lies selbst, was für dich geeignet ist, und bereite dir einen köstlichen Drink nach Maß, der perfekt auf dich zugeschnitten ist.

Im Falle einer Krankheit oder bei Diätwunsch ist es notwendig, die Smoothie-Rezepte leicht abzuwandeln. Oft reicht es, die Obstmenge zu reduzieren. Für Diabetiker ist es zum Beispiel nicht zu empfehlen, zu viel Fruchtzucker zu sich zu nehmen, ebenso wenig für Menschen, die gern abnehmen möchten oder die unter einer Candidose leiden. Ich gebe dir gerne ein paar Tipps, wie du deine grünen Smoothies so veränderst, dass sie dir guttun.

DARF ES EIN PFUND WENIGER SEIN?

Wenn du gern abnehmen möchtest, sind grüne Smoothies bestens geeignet, um dieses Ziel zu erreichen. Es würde zu weit gehen, in diesem Buch Ratschläge für ein ideales Diätkonzept zu geben. Daher halte ich mich an die grünen Smoothies und wie du durch sie schneller zu deinem Wunschgewicht kommst.

Viele Menschen nehmen automatisch ab, wenn sie auf grüne Smoothies umsteigen, vor allem wenn sie zusätzlich auch mehr Salat und gesunde Snacks verzehren. Warum das so ist, ist eigentlich nicht besonders schwer zu verstehen. Die grünen Smoothies enthalten viele Vitamine und Mineralien, die den Körper ausreichend versorgen, sodass Heißhungerattacken in den meisten Fällen abnehmen oder ganz ausbleiben. Zudem enthalten die Smoothies so viele Ballaststoffe, dass ein Sättigungsgefühl eintritt und das Verlangen nach einer zusätzlichen Mahlzeit oder Snacks nachlässt. Die große Menge an Flüssigkeit, die du dabei ohne Nachzudenken aufnimmst, ist ein praktischer Nebeneffekt. Sie füllt den Magen, hilft dabei, Abfallstoffe auszuscheiden, und ist unverzichtbar für eine schöne, strahlende Haut. Außerdem hat ein grüner Smoothie natürlich viel weniger Kalorien als ein Käsebrot und belastet deinen Körper weder mit ungesundem Zucker noch mit Gluten, was uns nach dem Essen so müde macht.

EMPFEHLUNGEN

Ich empfehle, ein bis zwei Mahlzeiten durch grüne Smoothies zu ersetzen. Zum Frühstück solltest du so viel davon trinken, bis du satt bist. Über den Tag verteilt iss einfach das, was du sonst auch essen würdest. Du kannst auch noch eine zweite Mahlzeit durch einen Smoothie ersetzen, solltest dann aber noch zusätzlich Eiweiß in Form von magerem Fleisch, Fisch oder Eiern zu dir nehmen.

Wenn du Gewicht verlieren willst, solltest du auf keinen Fall mehr als zwei Stück Obst für deinen Smoothie verwenden. Es ist nämlich möglich, dass sogar die Kohlenhydrate der Früchte für deinen Körper zu viel sind. Um trotzdem etwas Süße in deinen Smoothie zu zaubern, kannst du kalorienarme Süßungsmittel wie Stevia, Lucuma oder Yacon verwenden. Für geschmackliche Abwechslung sorgen frische Kräuter wie Dill oder Zitronenmelisse.

DIABETES – WAS NUN?

Für Diabetiker ist es sehr wichtig, den Blutzuckerspiegel so stabil wie möglich zu halten. Es gibt verschiedene Faktoren, die dies begünstigen.

- BALLASTSTOFFREICHE KOST: Obst und Gemüse sind reich an löslichen und nicht löslichen Ballaststoffen. Vor allem die löslichen sind wichtig, da sie helfen, die Blutzucker- und Cholesterinwerte zu verbessern.

- DIE KOMBINATION VON EIWEISS UND KOHLENHYDRATEN: Blattgemüse enthält relativ viel Eiweiß und ist damit eine gute Ergänzung zu Obst. Um den Eiweißgehalt noch etwas zu erhöhen, kannst du braune Reisproteine *(ich bevorzuge die Marke Sunwarrior)* und Spirulina zu deinem Smoothie geben.

- DIE KOMBINATION VON FETTEN UND KOHLENHYDRATEN: Fette sorgen dafür, dass der Zucker langsamer in die Blutbahn gerät, und sind daher eine sehr gute Zugabe. Es gibt viele gesunde Fette, die du deinem Smoothie zufügen kannst, meine persönlichen Favoriten sind Avocado, Kokosöl, Chia-Samen und Hanfsamen.

- ZIMT: erhöht die Insulinempfindlichkeit der Zellen. Deshalb gehört dieses Gewürz meiner Meinung nach in den Smoothie eines jeden Diabetikers. Abgesehen davon verleiht Zimt deinem Smoothie einen herrlichen Geschmack.

Zusammengefasst: Einen schnellen Anstieg des Blutzuckerspiegels kannst du verhindern, indem du deinen Smoothie mit Eiweiß und Fett anreicherst und weniger Obst verwendest. Wenn du gesunde Fette zu deinem Smoothie gibst, wird der Zucker langsamer aufgenommen – sehr gut bei Insulinresistenz –, und das Eiweiß verschafft dem Smoothie einen sättigenden Effekt. Sehr gut schmecken Avocados, ein Löffel Leinsamen- oder Kokosöl. Aber auch Zugaben wie Chia-Samen, Hanfsamen und Nussmilch (zum Beispiel Mandelmilch) sind großartig.

Auch mit Kräutern kannst du experimentieren. Dill, Minze und Zitronenmelisse beispielsweise geben deinem Smoothie viel Geschmack, sodass du mit Obst etwas sparsamer sein kannst.
Bei Diabetes sind auch Süßungsmittel mit niedrigem glykämischem Index gut geeignet, beispielsweise Yaconsirup, Lucuma und Stevia. Sie haben so gut wie keinen Einfluss auf den Blutzuckerspiegel, sodass der Körper dafür (beinahe) kein Insulin herzustellen braucht.

CANDIDOSE

Durch den hohen Zuckergehalt in industriell gefertigten Lebensmitteln, die häufige Einnahme von Antibiotika und unserem oft sehr stressigen Lebensstil kämpfen viele Menschen mit starker Besiedelung durch Candida Albicans.

Candida ist eine Art Pilz, der von Natur aus in unserem Körper angesiedelt ist. Seine Aufgabe ist es, Stoffe zu beseitigen, die wir nicht brauchen. Wenn aber der Körper aus dem Lot gerät, weil die Ernährung unausgewogen und zu zuckerreich ist, man Antibiotika einnehmen muss oder ein (zu) stressiges Leben führt, kann der Candida wachsen und die Balance im Darm wird gestört. Das kann viele Probleme verursachen, angefangen von Bauchschmerzen und Müdigkeit bis hin zu Ekzemen. Um den Körper wieder ins Gleichgewicht zu bringen, sollte man eine Zeit lang keinen Zucker essen, auch keinen Fruchtzucker. Auch wenn Obst ein wichtiger Bestandteil grüner Smoothies ist, solltest du die Menge in diesem Fall reduzieren. Auf leckere Smoothies musst du trotzdem nicht verzichten. Eines der Rezepte in diesem Buch heißt „Bye-bye Candida“ und ist speziell für Betroffene entwickelt.

1 Vermeide süßes Obst und verwende stattdessen Gurken und eher saures Obst wie rote Beeren, Granatapfel und Zitrone.

2 Um deinen Smoothie zu süßen, verwendest du Stevia, Lucuma oder Yaconsirup. Yacon und Lucuma sind sogar besonders gut geeignet, weil sie wie ein vorbeugendes Antibiotikum wirken. Das bedeutet, dass sie einen idealen Nährboden für die guten Bakterien im Darm bieten. Mit der Dosierung solltest du allerdings vorsichtig sein, denn schon kleine Mengen sind extrem süß.

Schon gewusst …

… dass Dill eine antibakterielle Wirkung hat, viel Kalzium enthält und für eine optimale Darmgesundheit sorgt? Die Römer sahen Dill sogar als „Kraftkraut“ an und flochten ihren heimkehrenden Kriegshelden daraus Kränze.

3 Verleihe deinem Smoothie mit frischen Kräutern wie Zitronenmelisse, Minze und Dill einen herrlichen Geschmack.

4 Gib in jeden Smoothie eine kleine Menge an Gelbwurz (Kurkuma), denn das Gewürz mit dem bitteren Geschmack wirkt gegen Candidose. Eine Messerspitze Kurkuma pro Smoothie ist ratsam. Wenn dir der Geschmack nichts ausmacht, kannst du die Menge nach Belieben erhöhen.

Wenn es dir trotz oben stehender Tipps nicht gelingt, Smoothies zuzubereiten, die dir schmecken, solltest du pausieren, bis du die Candidose überwunden hast. Leckere grüne Smoothies warten dann als Belohnung auf dich!

8

SCHWANGERSCHAFT UND GRÜNE SMOOTHIES FÜR DIE KLEINSTEN

Wenn du schwanger bist, geschieht so viel in deinem Körper, dass er andere Bedürfnisse hat als sonst. Und du denkst viel darüber nach, was für dich und dein Kind gut ist. Was vorher selbstverständlich war, wirft vielleicht jetzt Fragen auf. Kann ich das immer noch essen? Ist es gut für mein Baby? Grüne Smoothies sind nicht nur lecker, sondern in bestimmten Lebenssituationen auch sehr gesund. In diesem Kapitel lernst du die Grüne-Smoothie-Erfolgsformel für Mütter (in spe) und Kinder kennen, damit du sorglos genießen kannst.

KUGELRUNDER BAUCH (NICHT DURCH GRÜNE SMOOTHIES VERURSACHT)

Wenn du schwanger bist (Glückwunsch!), fragst du dich vielleicht, ob du auch weiterhin grüne Smoothies trinken darfst, und wenn ja, ob du dabei etwas beachten musst. Eine intensive Entschlackungskur oder Entgiftung ist während der Schwangerschaft absolut nicht ratsam, aber grüne Smoothies sind überhaut kein Problem, ganz im Gegenteil: Sie sind für Mutter und Kind sehr gesund. Es wird sogar behauptet – und das habe ich in meinem Umfeld tatsächlich erlebt –, dass das Kind in seinem späteren Leben problemlos grüne Smoothies trinken wird, wenn die Mutter es während der Schwangerschaft tut.

Es ist wichtig, sich vor Augen zu führen, dass ein grüner Smoothie eigentlich nichts anderes ist als ein Salat plus dem Tagesbedarf an Obst – nicht mehr und nicht weniger. Sind Spinat und Salat während der Schwangerschaft schädlich? Natürlich nicht! Gemüse ist für jeden gut, unabhängig vom Alter oder den Lebensumständen, und wir brauchen es, um gesund zu sein und zu bleiben. Gemüse steckt voller Mineralien, die wichtig für die Entwicklung des Fötus sind, und Aminosäuren, die Bausteine für das gesunde Wachstum des Kindes. Gemüse ist zudem reich an Folsäure, einem sehr wichtigen Vitamin für schwangere Frauen und Frauen mit Kinderwunsch. Folsäure verhindert Spina bifida, auch als „offener Rücken" bekannt. Dabei handelt es sich um eine angeborene Fehlbildung, bei der das Rückengewebe rund um das Rückenmark nicht komplett verschlossen ist.

Und wie sieht es mit Obst aus? Es gibt absolut keinen Grund, auch nur zu überlegen, ob man in der Schwangerschaft Obst essen darf, solange es die normalen Mengen nicht überschreitet. Obst ist reich an Ballaststoffen und Vitaminen und gibt Energie. Es ist also nicht nur unbedenklich, grüne Smoothies zu trinken, sondern sogar extrem gut! Wenn du zusätzlich auch noch gesund isst und naschst, wirst du sehen, dass du während der Schwangerschaft nicht nur viel Energie hast, sondern auch weniger zunimmst.

Alles zusammengenommen schenkst du deinem Baby einen großartigen Start und unterstützt seine Entwicklung, wenn du grüne Smoothies trinkst.

ESSENZIELLE FETTSÄUREN

Sowohl für die Mutter als auch für das Kind ist es sehr wichtig, während der Schwangerschaft ausreichend Fette aufzunehmen. Hierbei geht es vor allem um Omega-3-Fettsäuren, obwohl auch andere Fettsäuren wichtig sind. Wissenschaftliche Untersuchungen haben gezeigt, dass ein Mangel an Omega-3-Fettsäuren zu Schwangerschaftsdepression oder postnataler Depression führen kann. Auch mangelndes Sehvermögen des Kindes kann eine Folge sein. Omega-3-Fettsäuren lassen sich unterteilen in die Fettsäuren EPA und DHA. DHA ist ein wichtiger Baustein unseres Gehirns und es ist extrem wichtig, diesen Stoff während Schwangerschaft und Stillzeit ausreichend aufzunehmen. Da Algenöl viel DHA enthält, ist es die ideale Quelle. Man bekommt es im Naturkostladen oder Supermarkt.

Auch Leinöl und Hanfsamenöl solltest du deinem Smoothie beimischen, zum Beispiel einen Löffel gegen Ende der Pürierens. Ein Löffel geschälte Hanf- oder Chia-Samen sind ebenfalls eine wirkungsvolle Zugabe. Dadurch bekommst du außer den Fetten auch noch viel Eiweiß und Mineralien und dein Smoothie sättigt stärker! Auch wenn Avocados und Kokosöl nicht reich an Omega-3-Fettsäuren sind, enthalten sie viele andere essenzielle Fettsäuren und geben deinem grünen Smoothie außerdem einen großartigen Geschmack. Das solltest du nutzen!

WIE VIEL GRÜNER SMOOTHE IST ZU VIEL?

Du möchtest herausfinden, ob du zu viel grüne Smoothies trinkst und ob du zusätzlich noch ausreichend andere Lebensmittel verzehrst? Dann solltest du dich fragen, ob du auch noch Appetit auf andere gesunde Mahlzeiten hast. Wenn du nämlich so viele Smoothies trinkst, dass du gar nichts anderes mehr essen magst, dann solltest du die Menge reduzieren.

WARUM IST GRÜNES BLATTGEMÜSE GUT FÜR MAMA UND KIND?

Die Vorteile von grünem Blattgemüse sind enorm. Es steckt voller Antioxidantien, hat entzündungshemmende Eigenschaften, beugt Krebs vor, ist reich an Mineralien und entschlackt den Körper. Während Schwangerschaft und Stillzeit hilft grünes Blattgemüse den Müttern, gesund zu bleiben und den drastisch erhöhten Bedarf an Nährstoffen zu decken, den das Baby für seine Entwicklung benötigt.

UND WAS HEISST DAS?

Du bist schwanger oder stillst und trinkst täglich grüne Smoothies? Großartig! Achte einfach darauf, dass du daneben auch andere Nährstoffe zu dir nimmst. Den Eiweißgehalt der Smoothies kannst du noch erhöhen, indem du 1 Esslöffel gekeimten Reis oder geschälte Hanfsamen zufügst. So erhältst du ein noch immer gut verdauliches, gesundes und stärkendes Getränk, das dir viel Energie gibt.

Wenn du noch nie grüne Smoothies getrunken hast, rate ich dir von Herzen, damit zu beginnen. Trinke anfangs nur ein Glas pro Tag und erhöhe langsam auf drei bis sechs Gläser, sodass sich dein Körper an die neuen Zutaten und die große Menge leicht verdaulicher Nahrung gewöhnen kann. Denn last but not least sorgen grüne Smoothies auch dafür, dass stillende und werdende Mütter ausreichend Flüssigkeit aufnehmen! Manchmal sind wir zu beschäftigt, um genug zu trinken, obwohl auch das gerade in Schwangerschaft und Stillzeit so wichtig ist! Grüne Smoothies versorgen uns mit Flüssigkeit und vielen Vitaminen und Mineralien zugleich.

GRÜNE SMOOTHIES FÜR BABYS

Grüne Smoothies sind die beste Babynahrung, sie sind gesund, werden unmittelbar aufgenommen und sind zudem sehr gut verdaulich. Außerdem gewöhnst du dein Baby so schon früh an eine gesunde Ernährung mit viel frischem Obst und Gemüse. Dein Baby sollte mindestens sieben Monate alt sein, bevor du es Löffel für Löffel und Schluck für Schluck mit einfachen grünen Smoothies vertraut machst. Achte darauf, dass die ersten Smoothies recht süß sind und nicht aus zu vielen Zutaten bestehen. Ideal ist zum Beispiel ein Smoothie mit etwas Orangensaft und Banane. Deinem Kind wird es großartig schmecken!

MAMA, DARF ICH EIN GRÜNES MONSTER?

Wenn dein Nachwuchs älter ist, macht das Trinken „grüner Monster“ erst richtig Spaß. Dann kannst du dein Kind nämlich in die Zubereitung einbeziehen, indem es zum Beispiel die Zutaten in den Mixer gibt, den Schalter drückt oder sich lustige Namen für die Smoothies ausdenken darf. Auch einen Minigarten, in dem du frische Kräuter und Blattgemüse anbaust, könntest du gemeinsam mit deinem Kind anlegen. Das Gemüse aus Eigenanbau könnt ihr dann in den Smoothies verarbeiten. So lernt dein Kind von klein auf, wie Essen wächst, gedeiht und wie viel Freude es bereitet, gesunde und leckere Mahlzeiten selbst zuzubereiten.

WAS, WENN ES NICHT KLAPPT?

Wenn dein Kind den Geschmack grüner Smoothies überhaupt nicht mag, kannst du zunächst reine Obst-Smoothies aus Früchten, die ihm schmecken, zubereiten. Wenn das gelingt, fügst du einige wenige Blätter Spinat hinzu, die es garantiert nicht herausschmecken wird. Ganz allmählich erhöhst du die Menge des zugegebenen Blattgemüses. Das kann dauern, aber es lohnt die Mühe, wenn dein Kind die Smoothies später genüsslich trinkt.

Sollte deinem Kind die Farbe der grünen Smoothies zuwider sein, kannst du sie mit Waldbeeren lila färben. Oder du servierst den Smoothie in einem Becher, der nicht durchsichtig ist. Bunte Strohhalme machen das Trinken zu einem großen Spaß. Sei kreativ und mach dir nichts daraus, wenn dein Kind nicht gleich Gefallen an den grünen Smoothies findet. Wenn du mit gutem Beispiel vorangehst und zeigst, dass die Drinks nicht nur gut schmecken, sondern auch viel Freude bereiten, wird es dir irgendwann auch gelingen, deine Familie zu begeistern.

Chia-Samen
Gojibeeren
Leinsamen
Kokosöl
Blütenpollen
Spirulina

9

PIMP UP YOUR SMOOTHIE

Schon ein reiner grüner Smoothie auf der Basis von Obst, Blattgemüse und Wasser ist ein Power-Drink voller Nährstoffe. Du kannst aber sogar noch einen Schritt weitergehen und sogenannte Superfoods zufügen. In diesem Kapitel erkläre ich dir, welche für deinen Smoothie geeignet sind. Entdecke die verborgene Kraft der Superfoods, von Spirulina, Chlorella, Blütenpollen, saftigen Gojibeeren und vielen anderen, und erfahre, wie du sie am besten verwenden kannst.

PIMP IT UP!

Grüne Smoothies schmecken nicht nur spitzenmäßig, sondern sind auch einfach herzustellen. Das ist für mich auch einer der Hauptgründe, warum ich sie so liebe. Blattgemüse, Obst und Wasser – fertig. Manchmal allerdings möchte ich trotzdem noch etwas mehr hineingeben, um den Smoothie noch nahrhafter zu machen. Meistens nutze ich dafür das so genannte Superfood. Dieser Begriff ist für dich völlig neu und löst Fragen aus wie: Wo bekomme ich das? Wie schmeckt es und welchen Vorteil liefert es mir? Genau das wollte ich auch alles wissen, als ich Superfood entdeckt habe. Gern teile ich daher einige meiner Lieblingszutaten für grüne Smoothies mit dir und gebe zu jedem einzelnen Produkt ein paar kurze Informationen. Wenn du nach der Lektüre dieses Kapitels selbst Superfood kaufen möchtest, wende dich am besten an Reform- und Naturkostläden oder suche im Internet nach Onlineshops.

ALOE VERA

Die Pflanze Aloe vera verwende ich schon seit einigen Jahren immer wieder für meine Smoothies. Ihre Blätter sind mit einer Art Gel gefüllt, das man sowohl innerlich als auch äußerlich anwenden kann. Aloe vera enthält viele verschiedene Vitamine und Mineralien, unter anderem Vitamin A, viel Vitamin B und C, Zink, Magnesium, Chrom und Kalzium. Zusätzlich unterstützt es die Entgiftung des Körpers und die Verdauung und puscht das Immunsystem. Du kannst dir selbst eine Bio-Aloe-Pflanze zulegen und ab und zu ein Stückchen davon abschneiden oder Aloe-vera-Saft kaufen. Am Anfang solltest du sparsam dosieren, da die Pflanze einen bitteren Geschmack hat. Beginne zum Beispiel, deinem Smoothie ein 1 Zentimeter langes, frisches Blattstück ohne Schale zuzugeben oder ½ Esslöffel Aloe-Saft.

BLÜTENPOLLEN

Blütenpollen sind Pollenkörner, die durch Nektar zu einer Kugel verbunden sind, ein Kraftpaket an Mineralien, Vitaminen (sogar Vitamin B12), Enzymen und gesundem Eiweiß. Ihr Geschmack ist angenehm süß, und das, obwohl sie so gut wie keine Kalorien haben. Du kannst sie zu allen Smoothies hinzufügen. Nimm dazu anfangs nur 1 kleinen Teelöffel voll, um dich an den Geschmack zu gewöhnen, bevor du Schritt für Schritt die Menge erhöhst.

KAKAO

Du bist ein waschechter Schokoladenfreak? Dann freut es dich bestimmt, dass du in deinen grünen Smoothie rohes Kakaopulver geben kannst. Kakao steckt voller Magnesium, Eisen und mehreren Antioxidantien, was für deine Haut absolut fantastisch ist. Kakaopulver hat einen bitteren Geschmack und lässt sich dadurch gut mit süßeren Obstsorten wie Bananen und reifen Erdbeeren kombinieren.

CAMU-CAMU

Camu-Camu Pulver ist eine echte Vitaminbombe. Wenn du viel davon verwendest, wird dein Smoothie leicht säuerlich. Es passt zu allem, wobei ich die Kombination mit einer sehr reifen Birne ganz besonders lecker finde.

CHIA-SAMEN

Wenn du auf der Suche nach guten und gesunden Fetten zur Nahrungsergänzung bist, solltest du einmal Chia-Samen in deinen grünen Smoothie mixen. Sie enthalten besonders viele gesunde Omega-3-Fettsäuren, wodurch der Smoothie noch besser sättigt. Du kannst problemlos mehrere Esslöffel zufügen. Ich empfehle, die Samen vorher mindestens 20 Minuten in Wasser quellen zu lassen (im Verhältnis 1:7), dadurch erhältst du eine Art Gel. Du kannst das Gel mehrere Tage in einem Schraubglas im Kühlschrank aufbewahren. Wenn du die Chia-Samen nicht quellen lässt, ziehen sie Feuchtigkeit aus dem Smoothie und er wird etwas dickflüssiger.

CHLORELLA

Chlorella ist eine einzellige Grünalge, die aus deinem Smoothie einen wahrhaft entgiftenden Wunderdrink macht. Obwohl es wie Spirulina eine Alge ist, enthält es komplett andere Vitamine und Mineralstoffe. Am besten also, du verwendest beide Zusätze abwechselnd. Beginne mit einer kleinen Menge und erhöhe sie langsam auf ungefähr 3 Gramm pro Tag. Dies ist die normale Tagesdosis für einen Erwachsenen.

PROTEINE AUS BRAUNEM REIS

Wenn du viel Sport machst oder kein bzw. wenig Fleisch isst, benötigt dein Körper eine zusätzliche Eiweißquelle. Ich füge meinem Smoothie besonders gern 1 Esslöffel Proteinpulver aus braunem Reis zu. Die Marke *Sunwarrior* bietet sogar verschiedene Geschmacksrichtungen an, wie z.B. Vanille und Banane. Durch das Pulver bekommt der Smoothie eine etwas dickere, pulverige Struktur. Wenn du das nicht magst, kannst du diesen Effekt einfach durch zusätzliches Wasser verhindern.

GOJIBEEREN

Gojibeeren sind eine großartige Beigabe für jeden Smoothie. Sie enthalten viele Vitamine, Mineralien, Aminosäuren und Karotin und geben dem Getränk durch ihre vielen Kerne extra Biss. Wenn du den Mixer etwas kürzer laufen lässt, spürst du die Struktur der Beeren noch und hast beim Trinken etwas zu kauen. Gojibeeren passen zu allen Smoothies, harmonieren aber besonders gut mit Mango und Ananas.

HANFSAMEN

Ungeschälte Hanfsamen oder Hanfmilch sind herrliche Zugaben für deinen grünen Smoothie. Sie geben ihm einen leicht nussigen Geschmack und machen ihn sättigender. Hanfsamen enthalten viele Ballaststoffe, Eiweiße, Phyto-Nutrienten und gesunde Omega-3-Fettsäuren. Da die köstlichen Samen auch extrem eiweißreich sind, sind sie besonders gut für Vegetarier geeignet.

IRISCH MOOS

Mein persönlicher Favorit Irisch Moos ist eine Alge und enthält wertvolle Mineralien wie Jod und Schwefel, zwei Mineralien, die in Blattgemüse kaum enthalten sind. Vor allem die vielen schwefelhaltigen Aminosäuren wie Taurin, die in der Alge stecken, sind bemerkenswert. Vegetarier haben daran oft einen Mangel, weil sie viel über Fleisch aufgenommen werden. Daher ist Irisch Moos die ideale Zugabe für jeden, der wenig oder kein Fleisch isst. Wenn du es einen Tag in Wasser quellen lässt, erhältst du eine Art Gel, das du anschließend im Mixer klein mahlen kannst. So lässt es sich in einem Schraubglas im Kühlschrank aufbewahren, sodass du immer etwas auf Vorrat hast. Keine Sorge, dass die Alge den Geschmack deiner Smoothies verändert, denn sie schmeckt – anders als ihr Geruch vermuten lässt – beinahe nach nichts.

KOKOSÖL

Kokosöl macht deinen Smoothie herrlich cremig und versorgt deinen Körper gleichzeitig mit gesunden Fetten und damit auch mit viel Energie. Du kannst jedem Smoothie 1 Esslöffel zugeben. Vor allem zusammen mit Ananas schmeckt es großartig.

MACA

Dieses Pulver aus einem südamerikanischen Knollengewächs ist eine tolle Beigabe für deinen Smoothie und einer meiner persönlichen Favoriten. Nicht unbedingt wegen des Geschmacks (der kann am Anfang etwas seltsam anmuten), sondern wegen seiner hormonbalancierenden Eigenschaften. Es enthält verschiedene Vitamine, unter anderem B1, B2, C und E, Mineralien und Spurenelemente und noch viel mehr Gutes. Beginne mit ½ Teelöffel pro Smoothie. Wenn du mehr verwenden möchtest, erhöhe langsam die Dosis.

SPIRULINA

Das dunkle Pulver aus blaugrünen Süßwasseralgen macht aus deinem Smoothie einen echten Power-Drink und unterstützt deinen Körper bei der Entgiftung. Der Geschmack ist recht heftig, sei also sparsam bei der Dosierung. Jesse, mein Mann, ist völlig süchtig nach Spirulina, während ich nicht so ein Fan von dem Geschmack bin – vom Effekt für die Gesundheit dafür umso mehr! Beginne mit ½ Teelöffel pro Smoothie und erhöhe bei Bedarf auf einen gehäuften Esslöffel.

SWEETS FOR MY SWEET

Eigentlich ist das reife Obst, das du als Basis für deine Smoothies verwendest, süß genug. Doch gerade zu Beginn wird die Sehnsucht nach zusätzlicher Süße oft groß sein. Darum hier einige Tipps für gesunde süße Zugaben.

DATTELN

Ich persönlich verwende Datteln sehr gerne, weil sie nicht nur süßen, sondern auch viele wertvolle Ballaststoffe enthalten, die für die Verdauung wichtig sind. Achte beim Kauf darauf, dass die Datteln nicht mit einer zusätzlichen Glukoseschicht umhüllt sind. Das erkennst du sehr einfach daran, dass diese recht stark glänzt. Am besten suchst du nach frischen Bio-Datteln, und sei es nur wegen ihres herrlichen Geschmacks.

Noch ein kleiner Tipp, bevor du die Datteln verwendest:
Datteln haben einen sehr großen Kern, den du vor Gebrauch entfernen musst.

HONIG

Wenn ich eins richtig lecker finde, dann ist es Honig. Am liebsten esse ich rohen, kalt geschleuderten Honig vom Imker aus der Nachbarschaft, aber auch Manuka-Honig aus Neuseeland oder Australien ist fantastisch. Honig enthält wertvolle Enzyme und schenkt viel Energie. Ideal, wenn zum Beispiel ein anstrengendes Work-out auf dem Programm steht. 1 Teelöffel genügt und dein Smoothie wird himmlisch süß.

LUCUMA

Lucuma ist ein Pulver, das aus einer südamerikanischen Frucht gewonnen wird. Es schmeckt süß, hat eine leichte Karamellnote und beeinflusst den Blutzuckerspiegel so gut wie gar nicht. Dadurch ist es ideal für Candidose- oder Diabetespatienten und alle, die gern Gewicht verlieren möchten. Wenn du Lucuma (oder auch Yacon bzw. Stevia) verwendest, brauchst du weniger Obst, um einen leckeren, süßen Smoothie zu zaubern.

STEVIA

Stevia ist ein natürlicher Süßstoff aus der Steviapflanze, auch Honigkraut genannt. Im Laden sieht man sie immer öfter, und du könntest sie sogar im Blumentopf oder im Garten selbst ziehen. Du kannst deinem Smoothie ein paar frische Blättchen zufügen, aber sei vorsich-

tig: Sie sind so süß, dass es schnell zu viel werden kann. Stevia ist auch in flüssiger und in Pulverform erhältlich. Auch hierbei gilt, dass du sparsam dosieren solltest, 2–3 Tropfen sind absolut ausreichend.

YACON

Dieser dickflüssige Sirup wird aus der Wurzel der Yaconpflanze gewonnen. Er enthält nur wenige Kalorien und beeinflusst den Blutzuckerspiegel kaum. Um deinen Smoothie zu süßen, kannst du es mit 1 Esslöffel pro Smoothie probieren.

Es gibt so viele Superfoods, dass ich darüber ein eigenes Buch schreiben könnte. Stattdessen habe ich mich entschieden, hier einige Zusätze hervorzuheben, die ich selbst sehr lecker finde und oft verwende. Probiere am besten selbst aus, was dir schmeckt und wie du deinen grünen Smoothie am liebsten aufpeppst.

10

UN SMOOTHIE, POR FAVOR!

Wenn du erst einmal so richtig auf den Geschmack gekommen bist, möchtest du vielleicht auch im Urlaub nicht auf grüne Smoothies verzichten. Im Laufe der Jahre habe ich dabei so manche Erfahrung gemacht. Mit den praktischen Tipps aus diesem Kapitel bist du für die Reise gut gewappnet.

Auch im Urlaub ist es möglich, gesund und viel Grünzeug zu essen. Oft ist es sogar der ideale Zeitpunkt, Abwechslung in den Smoothie zu bringen und neue Rezepte auszuprobieren. Vielleicht verbringst du deine Ferien dort, wo es Mangos und reife Ananas im Überfluss gibt, oder du hast die Chance, neue Blattgemüsesorten kennenzulernen. Ergreife diese Chance und experimentiere drauflos. Du wirst sehen: Das macht riesigen Spaß und schmeckt unheimlich gut.

REISEMIXER IM KOFFER

Wenn du auch im Urlaub grüne Smoothies zubereiten möchtest, solltest du einen Mixer im Gepäck haben, denn in Ferienwohnungen sind diese eher selten zu finden. Falls dein Mixer zu Hause zu groß ist, wäre es eine Überlegung wert, einen speziellen Reisemixer anzuschaffen. Es gibt sehr viele kleine Mixer auf dem Markt – halte einfach Ausschau, welcher am besten zu dir passt. Einer meiner persönlichen Favoriten ist der „Tribest Personal Blender". Er püriert gut und der Aufsatz ist auch als Becher zu gebrauchen. Wenn du einen Deckel daraufschraubst, kannst du ihn problemlos mit an den Strand nehmen. Solltest du absolut keinen Platz für einen kleinen Standmixer haben, kannst du vielleicht zumindest einen Pürierstab einpacken. Es ist zwar ziemlich aufwendig, damit grüne Smoothies herzustellen, aber im Urlaub hat man ja meistens viel Zeit.

EISKALT EINGEFROREN

Wenn du eine lange Autofahrt vor dir hast, kannst du im Vorfeld grüne Smoothies einfrieren. Am Abfahrtstag nimmst du sie aus dem Gefrierfach und steckst sie in eine Kühltasche. So bist du für die ganze Reise mit leckeren, nahrhaften Smoothies ausgestattet. Du wirst merken, dass du viel fitter am Urlaubsort ankommst, als wenn du dich die ganze Zeit mit Süßigkeiten vollstopfst.

GRÜNE SMOOTHIES FÜR FAULE

Wenn du keine eigenen Geräte mitnehmen möchtest, um Smoothies zuzubereiten, kannst du dich im Urlaub natürlich auf die Suche nach einer Smoothie- oder Juicebar machen. Die meisten Smoothies werden dort auf der Basis von Obst und Joghurt hergestellt, was du aber natürlich ändern lassen kannst. Du könntest zum Beispiel Blattgemüse mit in die Bar nehmen und die Angestellten bitten, es in deinen Smoothie zu mixen. In der Regel ist das kein Problem. Natürlich ist diese Variante etwas teurer, als wenn du deine Smoothies selbst herstellst, aber wie schön ist es, wenn einmal jemand anders für dich grüne Drinks zubereitet! Eine weitere Möglichkeit ist es, grüne Superfoods wie Spirulina

zu einem Frucht-Smoothie hinzuzugeben. Die sind so süß, dass selbst ein gehäufter Esslöffel der Alge nicht mehr zu schmecken ist. Online oder in gut sortierten Biosupermärkten oder Reformhäusern kannst du verschiedene Grünpulver kaufen, die sich gut mitnehmen lassen.

DAS ALLERWICHTIGSTE: GENIESSEN!

Was auch immer du im Urlaub mit deinen grünen Smoothies tust, das Allerwichtigste ist, dass du den Urlaub genießt. Mach dir keinen Stress, wenn du mal ein paar Tage keine grünen Smoothies trinken kannst, sondern genieße den Ort und die Menschen um dich herum.

11

BRRR... GRÜNE SMOOTHIES IM WINTER

Im Winter haben wir oft andere Bedürfnisse als im Sommer. Während wir im Sommer genussvoll eine kalte Gazpacho löffeln, ist uns im Winter eher nach einer kräftigen Erbsensuppe. Das gilt auch für grüne Smoothies. In diesem Kapitel lernst du, wie du mit kleinen Variationen der Standardrezepte deine grünen Smoothies ganz und gar wintertauglich machst.

Natürlich sind grüne Smoothies im Winter für deinen Körper genauso gut wie im Sommer. Allerdings empfinden viele Menschen es bei niedrigen Temperaturen nicht besonders angenehm, große Mengen kalter Smoothies zu trinken. Zum Glück aber kannst du die Drinks mit ein paar einfachen Handgriffen winterfit machen.

- Nimm kein kaltes, sondern warmes Wasser. Lass es kochen und leicht abkühlen, bevor du es verwendest. Durch diese kleine Abwandlung wird dein Smoothie angenehm warm, verändert aber seinen guten Geschmack nicht. Wenn du die warmen Smoothies in eine Thermoskanne füllst, kühlen sie nicht so schnell ab. Das ist auch sehr praktisch zum Mitnehmen, zum Beispiel zur Arbeit.

- Trinke deinen Smoothie über den Tag verteilt. Auf diese Weise nimmst du nicht auf einen Schlag eine große Menge kalter Flüssigkeit zu dir und frierst nicht so schnell. Snack dich mit deinem Smoothie durch den Tag!

- Verwende wärmende Kräuter und Gewürze wie Ingwer, Zimt, Chili und Cayennepfeffer. Sie peppen deinen grünen Smoothie nicht nur geschmacklich auf, sondern wärmen deinen Körper von innen heraus. Denn dadurch, dass sie deinen Stoffwechsel anregen, wird Wärme freigesetzt. Meine Lieblingskombination ist Ingwer mit einer Prise Cayennepfeffer. Zimt harmoniert sehr gut mit Äpfeln und Bananen.

- Wenn du eine Mahlzeit durch einen Smoothie ersetzt, solltest du im Anschluss einen Spaziergang machen. Dabei wird dir warm und die kalte Flüssigkeit, die du gerade getrunken hast, belastet dich nicht mehr.

- Trinke den Smoothie mit einem Strohhalm. Auf diese Weise nimmst du die kalte Flüssigkeit langsamer zu dir.

- Nutze den Winter, um geschmackvolle Smoothies mit Gemüsesorten herzustellen, die es nur in dieser Saison gibt, wie zum Beispiel Grünkohl. Dieses Gemüse enthält extrem viele wertvolle Nährstoffe, die dir dabei helfen, in der kalten Jahreszeit gesund zu bleiben.

- Bereite deinen Smoothie mit Mandelmilch als Grundlage zu, denn so wird er schön cremig, sättigender und sahniger. Ideal für die kalten Wintermonate!

- Verzichte auf gefrorenes Obst oder kombiniere es mit warmem Wasser. Oder nimm das Tiefkühlobst schon am Vorabend aus der Gefriertruhe und lasse es über Nacht auftauen, sodass es am Morgen gebrauchsfertig ist.

Grüne Smoothies können mit kleinen Abwandlungen im Winter genauso gut schmecken und sind mindestens so gesund wie im Sommer. Ich erinnere mich gut, dass viele meiner Studienfreunde in der stressigen Examenszeit erkältet waren oder Grippe hatten. Damals war ich ganz besonders stolz auf die Kraft der grünen Smoothies, mit deren Hilfe ich diese Zeit unbeschadet überstand.

MASS EINHEITEN

In den meisten Fällen mache ich meine grünen Smoothies nach Gefühl und abhängig von dem, was ich im Haus habe. Obwohl ich finde, dass das ein guter Weg ist, bin ich mir bewusst, dass viele Menschen lieber nach Rezept arbeiten. In diesem Buch verwende ich dafür verschiedene Maßeinheiten, die ich gern kurz erklären möchte, damit du genau weißt, was ich damit meine.

HANDVOLL

Mit einer Handvoll meine ich wortwörtlich eine Handvoll. Greife mit einer Hand so viel von der entsprechenden Zutat, wie du kannst. Bei den Smoothies muss es nicht so exakt zugehen, mach dir also keine Gedanken, ob deine Hände wohl die richtige Größe haben.

ESS- UND TEELÖFFEL

Es gibt für die Küche Löffel und Tassen, die größenmäßig einer Norm entsprechen. Man bekommt sie in den meisten Haushaltsläden, Kaufhäusern und sogar bei IKEA. Darauf stehen sowohl englische als auch europäische Maßeinheiten, wie z. B. tbsp (Esslöffel) und tsp (Teelöffel), sodass du genau weißt, welchen Löffel oder welche Tasse du brauchst. Wenn du die Smoothies lieber „freihändig" machen möchtest, kannst du natürlich auch einfach einen beliebigen Löffel aus der Küchenschublade nehmen. Dann solltest du jedoch wissen, dass ein normaler Löffel meist kleiner ist als die genormte Variante.

- 1 tbsp = *1 Esslöffel* = 15 ml
- 1 tsp = *1 Teelöffel* = 5 ml

TASSE

Eine Tasse entspricht dem englischen Maß „cup". Auch hier gibt es im Haushaltswarenladen genormte Tassen, die meist etwas kleiner sind als die, die wir zum Trinken benutzen. Du kannst dir aber auch einfach Folgendes merken:

- *1 Tasse* = 1 cup = 250 ml

Wenn du erst einmal weißt, welche deiner Tassen dieser Größe entspricht, kannst du sie problemlos für die Rezepte verwenden.

Wenn du noch nie grüne Smoothies getrunken hast.

FÜR GRÜNSCHNÄBEL

Wer noch nie grüne Smoothies getrunken und keine Ahnung hat, was ihn erwartet, findet in dieser Kategorie die idealen Rezepte für den Einstieg. Diese Smoothies sind nämlich recht klein, süß und enthalten im Verhältnis weniger Gemüse als andere Smoothies. So kann man seinen Körper auf sehr angenehme Weise an die grünen Drinks gewöhnen. Ich empfehle, eine Woche lang jeden Tag einen Smoothie aus dieser Kategorie zu trinken. Danach kannst du entweder noch eine Weile damit weitermachen oder dich an die Kategorie „Einsteiger" wagen.

TIPP

Wenn du in deinem Smoothie Bio-Erdbeeren verwendest, brauchst du den grünen Kelch nicht zu entfernen. Er ist nämlich reich an sehr vielen gesunden Nährstoffen und es wäre doch schade, darauf zu verzichten. Bei Erdbeeren aus konventioneller Landwirtschaft solltest du das Grün allerdings herausschneiden.

CREAMY ERDBEER

CREAMY ERDBEER

Zutaten

- *1 ½ Tassen Erdbeeren*
- *1 Avocado*
- *1 Zitrone*
- *1 EL Chia-Samen-Gel (s. Seite 73)*
- *8 Minzeblättchen*
- *Wasser*

Alle Zutaten zusammen in einen Mixer geben und pürieren, bis ein schöner glatter, sahnig-roter Smoothie entstanden ist.

SÜSSER GRÜNER

Zutaten

- *2 Bananen*
- *5 getrocknete Pflaumen*
- *150–200 g Mangold*
- *1 TL Zimt*
- *1 TL Blütenpollen*
- *Wasser*

Das Obst in einen Mixer geben und so viel Wasser zufügen, dass die Früchte gerade eben bedeckt sind. Pürieren bis ein cremiger Smoothie entsteht. Anschließend Mangold, Zimt und Blütenpollen zufügen und alles noch einmal pürieren. Nach Wunsch zusätzliches Wasser zugießen.

HIMMLISCHE ZITRONEN-MELISSE

Zutaten

- *1 Apfel*
- *1 große Mango*
- *5 Stängel Mangold*
- *15 Zitronenmelisseblättchen*
- *1 kleine Rote Bete mit Grün*
- *Wasser*

Den Apfel und die Mango klein schneiden, in den Mixer geben und Wasser zufügen, bis das Obst gerade eben bedeckt ist. Pürieren bis ein cremiger Smoothie entsteht. Anschließend Mangold, Zitronenmelisse und klein geschnittene Rote Bete zufügen und nochmals pürieren. Auf Wunsch weiteres Wasser zugießen.

GRÜNE KAROTTE

Zutaten

- *1 Apfel*
- *½–1 Tasse Karottensaft*
- *50 g Spinat*
- *Wasser*

Den Apfel klein schneiden, mit dem Karottensaft in den Mixer geben und so lange pürieren, bis ein cremiger Smoothie entsteht. Dann erst den Spinat zufügen und nochmals pürieren. Wasser nach Wunsch zugießen.

TIPP

Putze das Gemüse schon am Vorabend. So ist es gleich gebrauchsfertig und du kannst deinen gesunden grünen Smoothie noch schneller zubereiten.

LILA LAUNE-MACHER

Zutaten

- *150 g Waldbeeren*
- *1 Banane*
- *Saft von 1 Orange*
- *50 g Spinat oder Mangold*
- *Wasser*

Obst mit dem Orangensaft in den Mixer geben und mit Wasser aufgießen, bis die Früchte gerade eben bedeckt sind. Alles pürieren, bis eine cremige Masse entsteht. Gemüse zufügen und noch einmal vermengen. Auf Wunsch mehr Wasser zugießen.

SIMPLY ANANAS

Zutaten

- *½–1 Ananas*
- *2 Handvoll Salat nach Wahl*
- *Wasser*

Die Ananas klein schneiden, in den Mixer geben und zu ⅔ mit Wasser aufgießen. Alles zu einer cremigen Masse pürieren. Anschließend Salat zufügen und nochmals pürieren. Auf Wunsch zusätzliches Wasser zugeben.

Schon gewusst …

… dass es verschiedene Sorten Petersilie gibt? Nämlich Wurzelpetersilie, krause Petersilie und glatte Petersilie. Krause Petersilie hat einen milderen Geschmack als seine Schwester mit den glatten Blättern. Deshalb ist in den Rezepten davon eine geringere Menge vorgesehen.

SIMPLY MANGO

Zutaten

- *2 Mangos*
- *75 g Endiviensalat oder Salat nach Wahl*
- *Wasser*

Mangos klein schneiden, in den Mixer geben und mit Wasser aufgießen, bis das Obst gerade eben bedeckt ist. Zu einer cremigen Masse pürieren. Blattsalat zufügen und alles noch einmal pürieren. Wasser nach Wunsch zugießen.

TIPP Die Mangos, die es bei uns in den Läden gibt, sind meist noch lange nicht reif und schmecken daher auch noch nicht so gut. Wenn du sie in Packpapier einwickelst und an einen warmen Ort legst, können sie nachreifen. Eine reife Mango erkennst du daran, dass sich die Frucht leicht eindrücken lässt. Solltest du Glück haben und solche Exemplare im Laden finden, kannst du auch mehrere auf einmal kaufen und sie geschält und klein geschnitten einfrieren. So hast du dieses köstliche Obst immer auf Vorrat. Ähnliches gilt für Bananen: Kaufe gleichzeitig reife und grüne, damit die unreifen Bananen essreif sind, wenn du die reifen vertilgt hast.

PETERSILIEN-FREUDE

Zutaten

- *1 Apfel*
- *1 Mango*
- *1 Banane*
- *½ Bund krause Petersilie oder ¼ Bund glatte Petersilie*
- *Wasser*

Das Obst klein schneiden und in den Mixer geben, mit Wasser aufgießen, bis es gerade eben bedeckt ist. Alles pürieren, bis eine cremige Masse entsteht. Die Petersilie zufügen und nochmals pürieren. Wasser nach Wunsch zugießen.

BERRY BANANA

Zutaten

* 200 Erdbeeren
* 1 Banane
* 2 Handvoll Salat nach Wahl
* 1 EL gemahlene Leinsamen
* Wasser

Das Obst in den Mixer geben und mit Wasser aufgießen, bis es gerade eben bedeckt ist. Anschließend alles zu einer cremigen Masse pürieren. Salat und Leinsamen zugeben und alles ein zweites Mal pürieren.

TIPP

Lass den Mixer so lange laufen, bis du keine harten Stückchen mehr klackern hörst. Bei getrockneten Feigen kann das ein paar Minuten dauern, aber das Warten lohnt sich!

SELLERIE KICK

Zutaten:

* *1 großer, süßer Apfel (oder 2 kleine)*
* *2 getrocknete Feigen*
* *1 Stängel Staudensellerie*
* *Wasser*

Äpfel klein schneiden, mit den Feigen in den Mixer geben und mit Wasser aufgießen, bis das Obst gerade eben bedeckt ist. Zu einer cremigen Masse pürieren. Danach den Sellerie zufügen und alles noch einmal gut pürieren. Wasser nach Wunsch zugießen.

TIPP

Bereite deinen Smoothie auf Vorrat zu, sodass du für jeden Heißhunger gewappnet bist.

FÜR EINSTEIGER

Wenn du kein Grünschnabel mehr bist.

Im Idealfall hast du dich jetzt schon recht gut an die grünen Smoothies gewöhnt und bereits bemerkt, dass sich dein Energielevel verändert hat. Falls das noch nicht eingetreten sein sollte: kein Grund, aufzugeben. Wahrscheinlich stehst du kurz davor. Es ist wichtig, dass du bei deinem Rhythmus von einem Smoothie pro Tag bleibst, dich aber mit diesen neuen Rezepten auf ein anderes Level wagst. Denn die Rezepte aus dieser Kategorie enthalten mehr Blattgemüse als die bisherigen, auch wenn sie immer noch recht süß sind. Die Smoothies werden außerdem größer. Entscheide selbst, ob du dafür schon bereit bist oder ob du lieber kleinere Mengen zubereiten magst. Wenn du letzte Woche ein Glas pro Tag getrunken hast, konntest du es jetzt mit zweien probieren, wenn du letzte Woche bereits zwei getrunken hast, könntest du auf drei erhöhen ... Wenn dir die Verdauung in der letzten Woche absolut keine Probleme bereitet hat, kannst du dich sogar an die komplette Rezeptmenge wagen – das ist natürlich das eigentliche Ziel.

WENN ICH
MÜSSTE, KÖNNTE
ICH SCHOKOLADE
AUFGEBEN,
ABER SO SCHNELL
GEBE ICH
NICHT AUF!

CREMIG SCHOKOLADIG

TIPP

Ob eine Ananas reif ist, kannst du erkennen, wenn du an ihrer Unterseite schnupperst. Riecht sie süß, ist sie reif. Alternativ kannst du an den oberen Blättern der Ananas ziehen. Bei einer reifen Frucht, lassen sie sich leicht herauslösen.

Zutaten

* *1 Banane*
* *4 entkernte Datteln*
* *1 kleiner Romanasalatkopf (+/- 11 Blätter)*
* *3 EL Chia-Samen-Gel (s. Seite 73)*
* *1 EL rohes Kakaopulver*
* *375 ml Wasser plus etwas mehr*

Banane und Datteln in den Mixer geben und das Wasser zufügen. Zu einer cremigen Masse pürieren. Anschließend Salat, Chia-Samen und Kakao zufügen und alles noch einmal pürieren. Nach Belieben evtl. mehr Wasser zugießen.

ALOHA HEY

Zutaten

* *2 Orangen*
* *1 Banane*
* *½–1 Tasse Ananasstücke*
* *150 g Spinat*
* *Wasser*

Obst in den Mixer geben und mit Wasser aufgießen, bis die Früchte gerade eben bedeckt sind. Alles einmal pürieren, bis eine gleichmäßige Masse entsteht. Anschließend den Spinat zufügen und noch einmal pürieren. Wenn gewünscht, zusätzlich Wasser zugießen.

TIPP
Um deinen Smoothie zu süßen, kannst du ein paar Tropfen Stevia zufügen.

BYE-BYE CANDIDA

Zutaten

- *1 Avocado*
- *1 Zitrone*
- *6 EL Chia-Samen-Gel (s. Seite 73)*
- *1 Handvoll Spinat*
- *5 Minzeblättchen*
- *Wasser*

Alle Zutaten gleichzeitig in den Mixer geben und zu einem schön glatten, sahnigen Smoothie pürieren.

BEEREN-
STARK

Zutaten

* *1 Tasse Waldbeeren*
* *1 Tasse Erdbeeren*
* *1 Tasse Himbeeren*
* *150 g Spinat*
* *Wasser*

Die Beeren in den Mixer geben und mit so viel Wasser aufgießen, dass sie gerade eben bedeckt sind. Alles zu einer gleichmäßigen Masse pürieren. Danach den Spinat zufügen und noch einmal pürieren. Auf Wunsch Wasser zugießen.

TIPP Frische Beeren sind für deinen Smoothie die erste Wahl. Leider sind sie aber in unseren Breitengraden nicht das ganze Jahr über erhältlich. Die Antioxidantien, die in hohem Maße darin enthalten sind und Zellschäden vorbeugen, bleiben beim Einfrieren intakt. Du kannst also in den Monaten, in denen es keine frischen Beeren gibt, ganz beruhigt zu tiefgefrorenen Früchten greifen.

GRÜNE
TRAUBE

Zutaten

* *1 große Handvoll rote kernlose Trauben*
* *1 Tasse Erdbeeren*
* *1 Banane*
* *½ Salatkopf nach Wahl*
* *Wasser*

Das Obst in den Mixer geben und Wasser zugießen, bis die Früchte gerade eben bedeckt sind. Alles zu einer gleichmäßigen Masse pürieren. Anschließend den Salat zufügen und nochmals pürieren. Auf Wunsch mit zusätzlichem Wasser aufgießen.

OH PAK CHOI

Zutaten

* 240 g Pak Choi
* 1 Apfel
* 1 Birne
* Wasser

Obst und Gemüse klein schneiden und in den Mixer geben. Wasser zugießen und alles gut pürieren, bis ein sämiger, glatter Smoothie entsteht.

Schon gewusst ...

... dass Bananen erst dann wirklich reif sind, wenn die Schale braun gesprenkelt ist? Dies ist der richtige Moment, sie zu essen, denn dann schmecken sie wegen ihres höheren Zuckergehalts nicht nur besser, sondern sind auch besser zu verdauen.

SCHLECKERMAUL

Zutaten

* *1 Tasse Trauben*
* *2 reife Bananen*
* *1 reife Birne*
* *1 Salatkopf nach Wahl*
* *Wasser*

Die Trauben mit Wasser pürieren und die Masse durch ein Sieb passieren, sodass nur die Kerne zurückbleiben. Die Bananen und die Birne klein schneiden, zufügen und alles im Mixer zerkleinern. Zum Schluss den Salat zugeben und alles zu einem glatten Smoothie pürieren. Auf Wunsch mehr Wasser angießen

WÄRMENDE INGWER-ANANAS

Schon gewusst …

… dass Ingwer einen wärmenden Effekt auf den Körper hat und die Entgiftung beschleunigt? Zudem hat er entzündungshemmende Eigenschaften und eine entspannende Wirkung auf die Verdauung. Ideal für einen Smoothie an kalten Tagen!

WÄRMENDE INGWER-ANANAS

Zutaten

* 1 große Mango
* 1 Tasse Ananasstücke
* 1 cm Ingwer, geschält und gerieben
* ½ Romana- oder Eichblattsalatkopf
* Wasser

Mango klein schneiden, mit der Ananas und dem Ingwer in den Mixer geben und Wasser zugießen, bis alles gerade eben bedeckt ist. Zu einer cremigen Masse pürieren. Anschließend den Salat zufügen und erneut pürieren. Nach Belieben mehr Wasser zugießen.

TIPP

Bananen sind große Energiespender und darum die richtige Wahl für Sportler.

BANANA JOY

Zutaten

* 3 Bananen
* ½–1 Salatkopf nach Wahl
* Wasser

Bananen in einen Mixer geben und mit Wasser aufgießen, bis sie gerade eben bedeckt sind. Alles zu einer cremigen Masse pürieren. Den Salat zufügen und noch einmal pürieren. Nach Wunsch Wasser zugießen.

TIPP
Diesen frischen Drink solltest du an einem heißen Sommertag genießen. Mit ein paar Eiswürfeln im Glas wird er noch erfrischender.

FRESH UP *

Zutaten

* ½–⅓ Gurke
* Saft von 1 Zitrone
* 1 l Wasser

Gurke klein schneiden, mit Zitrone und Wasser in den Mixer geben und zu einer cremigen Masse pürieren.

RÜB-STIELCHEN

Zutaten

* 2 Äpfel
* 2 Orangen
* 1 Stängel Staudensellerie
* 2 Handvoll Rübstiel
* 2 Handvoll Feldsalat
* Wasser

Das Obst klein schneiden, in den Mixer geben und mit Wasser aufgießen, bis es gerade eben bedeckt ist, zu einer sämigen Masse pürieren. Sellerie klein schneiden, mit den Blattsalaten zufügen und noch einmal pürieren. Nach Wunsch zusätzliches Wasser zugießen.

KIWI TRIO

TIPP

Bei Trockenfrüchten solltest du es mit der angegebenen Menge im Rezept nicht zu genau nehmen, denn je nach Hersteller unterscheidet sich das Obst in Geschmack und Süße stark voneinander. Gib am besten zunächst wenig Trockenfrüchte zu deinem Smoothie, schmecke ab und ergänze auf Wunsch mit weiteren Trockenfrüchten.

Zutaten

* *3 Kiwis*
* *5–8 getrocknete Pflaumen*
* *8 große Blätter Endiviensalat, die untersten Rippen 3 cm hoch abgeschnitten*
* *Wasser*

Kiwis und Pflaumen in den Mixer geben und mit Wasser aufgießen, bis das Obst gerade eben bedeckt ist. Alles zu einer cremigen Masse pürieren. Den Endiviensalat zufügen und noch einmal pürieren. Je nach Geschmack zusätzliche Pflaumen oder Wasser zugeben.

Schon gewusst …

… dass Sellerie Ballaststoffe enthält, die sich im Verdauungstrakt nicht verändern? Sie reinigen den Darm und helfen, Schadstoffe zu beseitigen. Ballaststoffe verschaffen dir außerdem ein sättigendes Gefühl, sodass du nicht so schnell zum nächsten Snack greifst.

KÖNIG SELLERIE

Zutaten

* *1 Apfel*
* *1 Birne*
* *1 Banane*
* *2 große Stängel Bio-Staudensellerie mit Grün oder 3 Stängel konventionelle Staudensellerie ohne Grün*
* *Wasser*

Das Obst klein schneiden und in den Mixer geben. Mit Wasser aufgießen, bis die Früchte gerade eben bedeckt sind. Pürieren, bis eine gleichmäßige Masse entsteht. Sellerie klein schneiden, zufügen und alles noch einmal pürieren. Wasser nach Wunsch zugießen.

ENERGY BOOSTER

Zutaten

* *1 Banane*
* *1 Apfel*
* *7 getrocknete Pflaumen*
* *150 g Spinat*
* *Wasser*

Obst klein schneiden, in den Mixer geben und mit Wasser aufgießen, bis es gerade eben bedeckt ist. Pürieren, bis eine sämige Masse entsteht. Anschließend den Spinat zufügen und erneut pürieren. Wasser nach Wunsch zugießen.

Schon gewusst …

… dass Pflaumen die Darmfunktion anregen und gegen Verstopfung helfen? Der übermäßige Genuss kann allerdings zu Durchfall und Bauchschmerzen führen, also Vorsicht! Wenn du es deinem Mixer etwas einfacher machen willst, lässt du die getrockneten Pflaumen über Nacht in Wasser einweichen. Das Einweichwasser kannst du für den Smoothie verwenden, denn es enthält wertvolle Nährstoffe.

RED SUMMER

Schon gewusst …

… dass ein Granatapfel eine rote Frucht ist, die ungefähr so groß ist wie eine Orange? Viele Leute kennen sie vor allem als Zierfrucht in der Weihnachtszeit, haben sie aber noch nie gegessen. Die Schale ist glatt, lederartig und rotbraun. Unter der Schale ist die Frucht durch weißliches Fruchtfleisch in Kammern unterteilt, in denen zahllose rote Kerne lagern. Sie bestehen aus geleeartigem hellem bis dunkelrotem Fruchtfleisch mit essbaren weißen Kernen. Das weiße Fruchtfleisch solltest du lieber vermeiden, da es sehr bitter schmeckt. In Mitteleuropa sind frische Granatäpfel von Oktober bis Dezember erhältlich. Die Antioxidantien, die im Granatapfel eine dreimal höhere Konzentration haben als im Rotwein, schützen dich vor freien Radikalen und Arteriosklerose (Verdickung einer Ader) und senken die Gefahr für Herzerkrankungen, Krebs und Alzheimer.

RED SUMMER

Zutaten

- *1 ½ Tassen Erdbeeren*
- *1 großes Stück Wassermelone*
- *Kerne von 1 Granatapfel (optional)*
- *1 EL Zitronensaft*
- *1 Salatkopf nach Wahl*
- *Wasser*

Das Obst mit dem Zitronensaft in einen Mixer geben und zu ⅔ mit Wasser aufgießen. Pürieren, bis eine cremige Masse entsteht. Den Salat zufügen und noch einmal pürieren. Auf Wunsch zusätzliches Wasser angießen.

ANANAS EXPLOSION

Zutaten

- *1 Ananas*
- *1 Apfel*
- *200 g Spinat oder Salat nach Wahl (kein Eisbergsalat)*
- *Wasser*

Das Obst klein schneiden, in den Mixer geben, zu ⅔ mit Wasser aufgießen und alles zu einer cremigen Masse pürieren. Spinat oder Salat zufügen und ein zweites Mal pürieren. Bei Bedarf zusätzliches Wasser zugießen.

TIPP
Frisch gekaufte Waldbeeren sollten nicht zu lange gelagert werden. Verzehre sie am besten noch am Kauftag oder spätestens innerhalb der nächsten Tage. Wenn du sie nicht sofort verwendest, solltest du sie waschen und nebeneinanderliegend in einer großen Schüssel lagern, damit sie nicht faulen.

WALDFRUCHT PARTY

Zutaten

* *1 Banane*
* *150 g Waldbeeren*
* *150 g Spinat*
* *Wasser*

Das Obst in den Mixer geben und mit Wasser aufgießen, bis es gerade eben bedeckt ist. Cremig pürieren. Anschließend Spinat zufügen und erneut pürieren. Nach Wunsch weiteres Wasser zugießen.

LAMSOOR ANANAS

Zutaten

- * 300 g tiefgekühlte oder frische Ananas
- * 100 g Lamsoor
- * Wasser

Die Ananas gegebenenfalls klein schneiden, in den Mixer geben und mit Wasser aufgießen, bis sie gerade eben bedeckt ist. Cremig pürieren. Lamsoor zufügen und erneut pürieren. Auf Wunsch Wasser zugießen.

Schon gewusst ...

... dass der Genuss von Leinsamen sehr gut für den Stuhlgang ist? Sie sind nämlich von einer dünnen Haut umgeben, die Feuchtigkeit aufnehmen kann. Aus dieser Feuchtigkeit bildet sich ein schleimartiges Gel, das den Stuhl weicher macht. Zugleich stimulieren Ballaststoffe die Darmbewegungen, was ebenfalls den Stuhlgang fördert.

MANGO ERDBEERE

Schon gewusst …

… dass es mehr als 1000 Varianten an Mangos gibt, die sich in Geschmack und Form sehr stark voneinander unterscheiden können? Die Mango wird auch Apfel der Tropen genannt. Sie ist reich an Vitamin A und C und enthält verschiedene Mineralien. Aus dem Kern gewinnt man Fett für die Seifen- und Kosmetikindustrie. Das Fruchtfleisch wirkt sich günstig auf die Verdauung aus und hat leicht abführende Wirkung.

MANGO ERDBEERE

Zutaten

* *2 Mangos*
* *1 Tasse Erdbeeren*
* *150 g Mangold*
* *1 EL gemahlene Leinsamen*
* *Wasser*

Das Obst klein schneiden, in den Mixer geben und mit Wasser aufgießen, bis es gerade eben bedeckt ist. Alles zu einer cremigen Masse pürieren. Mangold und gemahlene Leinsamen zugeben und erneut pürieren. Auf Wunsch Wasser zugießen.

ANANAS MANGO

Zutaten

* *½ Ananas*
* *1 Mango*
* *½ Salatkopf nach Wahl*
* *Wasser*

Obst klein schneiden, in den Mixer geben und Wasser zugießen, bis die Früchte gerade eben bedeckt sind. Cremig pürieren. Anschließend den Salat zufügen und noch einmal pürieren. Wasser nach Wunsch zugießen.

TIPP

Achte darauf, dass Tiefkühlobst und Trockenfrüchten kein Zucker zugefügt wurde.

POPEYE PFIRSICH

Zutaten

* *2 Pfirsiche*
* *1 ½ Tassen Orangensaft*
* *100 g Mangold*
* *100 g Spinat*
* *Wasser*

Obst und Orangensaft in den Mixer geben und zu einer cremigen Masse pürieren. Anschließend das Gemüse zugeben und alles noch einmal pürieren. Auf Wunsch Wasser zugießen.

EASY SUMMER

Zutaten

* *½ Salatkopf nach Wahl*
* *500 g Tiefkühlobst (Tropenmix)*
* *Wasser*

Salat mit wenig Wasser zu einer cremigen Masse pürieren. Den Fruchtmix zufügen und alles mithilfe der Puls-Funktion pürieren (sofern an deinem Mixer vorhanden), bis alles gut zerkleinert ist. Mit normaler Funktion zu einem gleichmäßigen Smoothie weiterverarbeiten. Wenn der Mixer keine Puls-Funktion hat, das Obst vor der Verwendung antauen lassen. Zum Schluss Wasser nach Wunsch zugießen.

Der Tropenmix, den ich für dieses Rezept verwendet habe, besteht aus: *Melone – Mandarine – Pfirsich – Roten Trauben – Ananas – Mango – Kiwi*

Schon gewusst …

… dass sich Blattgemüse so gut mit Obst kombinieren lässt, weil es keine Stärke enthält? Das ist der Grund, warum du nach dem Genuss eines grünen Smoothies keine Probleme mit Völlegefühl oder Blähungen hast. Andere Gemüsesorten wie Blumenkohl oder Rote Bete enthalten diese Kohlenhydrate und lassen sich daher nicht so gut mit Obst kombinieren.

SELLERIE KICK (REZEPT AUF S. 96)

GRÜNE FEIGE

Zutaten

* *3 getrocknete Feigen*
* *2 Birnen*
* *Saft von ½ Zitrone*
* *1 Stange Sellerie*
* *2 Blatt Grünkohl ohne Stängel*
* *Wasser*

Obst klein schneiden und mit dem Zitronensaft in den Mixer geben, mit Wasser aufgießen, bis die Früchte gerade eben bedeckt sind. Cremig pürieren. Anschließend mit Sellerie und Grünkohl nochmals pürieren. Wasser nach Wunsch zugießen.

CHERRY LADY

Zutaten

- ✳ *1 ½ Tassen Kirschen, entsteint*
- ✳ *½ EL Irisch Moos-Gel (optional) (s. Seite 74)*
- ✳ *1 ½ El Lucuma (s. Seite 76)*
- ✳ *5 Blatt Mangold*
- ✳ *1 ½ EL Bio-Erdnussbutter*

Alle Zutaten zusammen in einen Mixer geben und pürieren, bis ein schöner cremiger Smoothie entsteht.

DILL IT!

Zutaten

- ✳ *2 Äpfel*
- ✳ *1 Orange*
- ✳ *3 Blatt Mangold*
- ✳ *100 g Spinat*
- ✳ *10 Stängel Dill*
- ✳ *Wasser*

Das Obst klein schneiden, in den Mixer geben und zu ⅔ mit Wasser aufgießen. Alles zu einem cremigen Smoothie pürieren. Das Gemüse und den Dill zufügen und noch einmal pürieren. Am Schluss Wasser nach Wunsch zugießen.

TIPP

Zitronensaft hat eine alkalisierende und entgiftende Wirkung. Auf folgende Weise kannst du dir das geschickt zunutze machen:

1. Ein Glas zu ¼ mit heißem Wasser füllen.
2. Mit kaltem Wasser aufgießen, bis das Glas fast voll ist, aber noch genügend Platz für den Zitronensaft bleibt.
3. Zitronensaft nach Geschmack zufügen, für den Anfang ca. 2 Esslöffel.
4. Morgens auf nüchternen Magen trinken. Das regt die Darmtätigkeit und -reinigung an.

Jetzt geht's voran

FÜR FORTGESCHRITTENE

FANTASTISCH, du gehörst zu den Fortgeschrittenen! Das heißt, dass du für neue Herausforderungen bereit bist. Jetzt kannst du deinen Smoothie mit noch mehr Mineralien und Vitaminen ergänzen. Vielleicht verlangt dein Körper nach noch mehr Grünzeug oder dir steht einfach der Sinn nach neuen Geschmacksexplosionen? Was auch immer dein Grund ist, neue Rezepte auszuprobieren – ich bin mir sicher, es wird dir schmecken! Die Rezepte für Fortgeschrittene enthalten mehr Gemüse, als du bisher gewöhnt bist, die Gesamtmenge aber entspricht ungefähr dem, was du aus dem Kapitel für Einsteiger kennst. Du lernst neue Sorten Blattgemüse kennen, zum Beispiel Brennnessel, mein persönlicher Favorit, und Löwenzahn. Schaffst du es schon, mindestens 1 Liter Smoothie pro Tag zu trinken? Falls nicht, solltest du zunächst bei deiner gewohnten Menge bleiben. Wenn du dich an den Geschmack der neuen Rezepte gewöhnt hast, kannst du auf die komplette Rezeptmenge erhöhen oder sogar größere Mengen zubereiten. Vielleicht hast du inzwischen schon Veränderungen an deinem Körper beobachten können? Wahrscheinlich hast du schon mehr Energie, wirst seltener von Heißhungerattacken heimgesucht, deine Haut strahlt und vielleicht hast du sogar mehr Selbstvertrauen. Was das Trinken grüner Smoothies nicht alles bewirken kann!

HIMBEERPRICKELN

HIMBEERPRICKELN

Zutaten

* 1 Tasse Himbeeren
* 2 Äpfel
* 150 g Brennnesselblätter
* Wasser

Das Obst klein schneiden, in den Mixer geben, so viel Wasser angießen, dass die Früchte gerade eben bedeckt sind, und cremig pürieren. Anschließend die Brennnesseln zufügen und erneut pürieren. Wasser zugießen.

Schon gewusst …

… dass Löwenzahn im Englischen „Dandelion" heißt? Der Name leitet sich von der französischen Übersetzung „Dent de Lion" ab, was nichts anderes bedeutet als Löwenzahn. Dieser Name ist wiederum entstanden, weil die Blätter der Pflanze gezackt sind und an Zähne erinnern. Im Frühling und im Sommer kannst du dieses Blattgemüse in der freien Natur pflücken. Achte darauf, dass es nicht am Rand einer großen Straße wächst, und wasche es vor dem Verzehr gründlich. Du solltest dir außerdem absolut sicher sein, dass es sich tatsächlich um Löwenzahn handelt, bevor du es für einen Smoothie verwendest.

LÖWENZAHN SMOOTHIE

Zutaten

* 2 Äpfel
* ¼ Zitrone
* 1 Handvoll Löwenzahnblättchen
* 1 Handvoll Petersilie
* Wasser

Obst in den Mixer geben, mit Wasser aufgießen und zu einer gleichmäßigen Masse pürieren. Anschließend Löwenzahn und Petersilie zugeben und nochmals pürieren. Zusätzliches Wasser nach Wunsch zugießen.

TROPISCHER MIX

Zutaten

- *150 g Ananas*
- *1 Mango*
- *¼ Limette*
- *100 g Koriander*
- *Wasser*

Das Obst klein schneiden, in den Mixer geben und zu ⅔ mit Wasser aufgießen. Alles zu einer cremigen Masse pürieren. Den Koriander zufügen und nochmals pürieren. Auf Wunsch zusätzliches Wasser zugeben.

TIPP

Zum Aufbewahren deiner Smoothies kannst du alle möglichen Schraubgläser verwenden, z.B. alte Marmeladengläser. Sie sind wahnsinnig praktisch, weil sich die Drinks darin luftdicht verschlossen 1–2 Tage im Kühlschrank aufbewahren lassen. So kannst du deinen Smoothie schon abends zubereiten, musst am nächsten Morgen nur in den Kühlschrank greifen und kannst den Tag mit einem energiereichen Frühstück beginnen.

HORMON-BALANCE

Zutaten

- *1 Avocado*
- *1 Apfel*
- *1 reife Birne*
- *1 Romanasalatkopf*
- *1 gehäufter TL Macapulver (s. Seite 15)*
- *Wasser*

Das Obst klein schneiden, in den Mixer geben und mit Wasser aufgießen, bis die Früchte gerade eben bedeckt sind. Alles cremig pürieren. Danach den Salat zugeben und noch einmal pürieren. Als Letztes das Macapulver einrühren. Nach Wunsch zusätzliches Wasser angießen.

TROPISCHER MIX

TIPP

Limetten sind reif, wenn sich die Schale gelblich färbt. Du solltest also nicht gerade zu den dunkelgrünen Exemplaren greifen, sondern eher die helleren auswählen. Limettensaft lässt sich auch gut mit Quellwasser mischen. So hast du im Handumdrehen einen herrlich gesunden und erfrischenden Drink.

Schon gewusst …

… dass Löwenzahn reich an Vitamin A, B, C, D, Magnesium, Kalzium und Betakarotin ist? Zudem enthält das Kraut viel Eisen und ist daher gut bei Blutarmut, die oft durch einen niedrigen Eisenwert verursacht wird.

DETOX SMOOTHIE

Zutaten

* *2 Orangen*
* *1 Mango*
* *2 getrocknete Pflaumen*
* *1 Handvoll Löwenzahnblätter*
* *½ Salatkopf nach Wahl*
* *Wasser*

Das Obst klein schneiden, in den Mixer geben und mit Wasser aufgießen, bis es gerade eben bedeckt ist. Zu einer glatten Masse pürieren. Anschließend den Löwenzahn und den Salat zugeben und ein zweites Mal pürieren. Auf Wunsch mehr Wasser zugießen.

VITAMIN-C-BOMBE

Zutaten

* *2 Orangen*
* *2 Kiwis*
* *einige getrocknete Pflaumen zum Süßen (optional)*
* *150–200 g Endiviensalat*
* *Wasser*

Das Obst in einen Mixer geben und mit Wasser aufgießen, bis die Früchte gerade eben bedeckt sind. Zu einem cremigen Smoothie pürieren. Endiviensalat zufügen und noch einmal durchmixen. Auf Wunsch weiteres Wasser zugießen.

Freche Früchte kommen in den Mixer

TROPICAL HEAVEN

Zutaten

* ½ Ananas
* 1 Mango
* 1 cm Ingwer, geschält und gerieben
* ½ Salatkopf nach Wahl
* 1 Handvoll Spinat
* Wasser

TIPP

In Mixern mit höherer Leistung kannst du den Strunk der Ananas im Ganzen verarbeiten. Wenn du einen schwächeren Mixer hast, ist es sinnvoll, den Strunk vor der Weiterverarbeitung klein zu schneiden. In ihm stecken sehr nützliche Enzyme, durch welche der grüne Smoothie besonders gut verdaulich wird.

Das Obst klein schneiden, zusammen mit dem Ingwer in den Mixer geben und gerade eben mit Wasser bedecken. Alles zu einer glatten Masse pürieren. Blattgemüse zufügen und nochmals pürieren. Auf Wunsch zusätzliches Wasser angießen.

TIPP

In meinen Smoothie-Rezepten verwende ich häufig nicht nur den süßen Saft einer Orange, der viel natürlichen Zucker enthält, sondern die ganze geschälte Frucht. So steigt der Blutzuckerspiegel langsamer und bleibt länger stabil, ohne plötzlich abzufallen und dich schlapp und müde fühlen zu lassen.

PAPAYA POWER

Zutaten

* 1 Papaya
* 2 Orangen
* Datteln nach Belieben
* 200 g Mangold
* Wasser

Das Obst klein schneiden, in den Mixer geben und gerade eben mit Wasser bedecken. Alles zu einer cremigen Masse pürieren. Den Mangold zufügen und erneut pürieren. Auf Wunsch zusätzliches Wasser zugießen.

TIPP

Wenn du Brennnesseln pflückst, achte darauf, dass sie nicht am Rand stark befahrener Straßen wachsen, und wasche sie vor dem Verzehr gründlich. Verwende nur den oberen Teil, also die jüngeren Blätter der Pflanze – sie enthalten mehr gesunde Nährstoffe als die etwas älteren tiefer liegenden Blätter.

Beim Ernten und Waschen Handschuhe tragen!

SUPER SATT-MACHER

Zutaten

- *2 Handvoll Spinat*
- *1 Tomate*
- *1 Paprika*
- *1 Avocado*
- *2 Stängel Staudensellerie*
- *1 Handvoll Basilikumblättchen*
- *1 EL Zitronensaft*
- *2 Äpfel*
- *Wasser*

Spinat mit etwas Wasser zu einer gleichmäßigen Masse pürieren. Danach die restlichen Zutaten klein geschnitten zufügen und noch einmal durchmixen, bis ein schöner cremiger Smoothie entsteht. Auf Wunsch mehr Wasser zugießen.

BRENNNESSEL SPEZIAL

Zutaten

- *2 Mangos*
- *1 EL Zitronensaft*
- *150 g wilde Brennnesseln*
- *Wasser*

Mangos klein schneiden, in den Mixer geben, Wasser und Zitronensaft zugießen, bis das Obst gerade eben bedeckt ist. Alles cremig pürieren. Anschließend die Brennnesseln zufügen und noch einmal pürieren. Mit Wasser nach Wunsch aufgießen.

TIPP

Wenn du einen Mixer mit Einfüllöffnung im Deckel besitzt, kannst du Staudensellerie als Rührstab benutzen. Dazu gibst du alle übrigen Zutaten in den Mixer und rührst mit der Sellerie so lange, bis die Stängel selbst püriert sind. Als ich angefangen habe, grüne Smoothies zuzubereiten, war das ein guter Trick, meinen damals nicht besonders leistungsstarken Mixer zu unterstützen. Wenn dein Mixer keine Einfüllöffnung im Deckel hat, solltest du auf diesen Trick verzichten – es sei denn, du möchtest, dass deine ganze Küche in einem grünen Smoothie badet.

GO GOJI

Zutaten

- ✳ *100 g Erdbeeren*
- ✳ *1 Banane*
- ✳ *½ Handvoll Gojibeeren*
- ✳ *3 Blatt Grünkohl ohne Stängel*
- ✳ *Wasser*

Schon gewusst …

… dass die Gojibeere, die „Lycium barbarum", auch Wolfsbeere genannt wird? Die Pflanze wächst in Osteuropa, aber auch in Asien, vor allem in China, Tibet und in der Mongolei. Sie trägt rötliche Früchte, die von Juli bis Oktober reifen. Die Gojibeere hat seit einer Weile den Status einer Superfrucht, da sie viele wertvolle Antioxidantien und Nährstoffe enthält. Sie ist eine gute Energiequelle und ein veganer Eiweißlieferant, enthält sehr viele Aminosäuren und ist reich an Vitamin A.

Obst und Gojibeeren in den Mixer geben und gerade eben mit Wasser bedecken. Zu einer cremigen Masse pürieren, die Gojibeeren sollten am Schluss nicht mehr gegen die Mixerwand klackern. Im Anschluss Grünkohl zufügen und nochmals pürieren. Nach Wunsch mit zusätzlichem Wasser aufgießen.

YUMMY YUMMY

Zutaten

* *½ Apfel*
* *2 Bananen*
* *1 Kiwi*
* *150 g junger Blattsalat*
* *50 g Spinat*
* *Wasser*

Das Obst klein schneiden, in den Mixer geben und gerade eben mit Wasser bedecken. Alles zu einer glatten Masse pürieren. Das Blattgemüse zufügen und noch einmal pürieren. Anschließend Wasser nach Wunsch zugießen.

TIPP

Variiere mit den Salatsorten. Du wirst merken, dass der Geschmack sehr unterschiedlich sein kann, und bald herausfinden, welche Blattsalate dir am besten schmecken.

PETER-SILCHEN

Zutaten

* *2 Mangos*
* *1 Bund Petersilie*
* *Wasser*

Mangos klein schneiden, in den Mixer geben und mit Wasser aufgießen, bis das Obst gerade eben bedeckt ist. Gründlich pürieren. Danach die Petersilie zugeben und noch einmal pürieren. Wasser nach Wunsch zugießen.

Schon gewusst …

… dass Petersilie eine verjüngende und entgiftende Wirkung auf deinen Körper hat? Es wirkt sich außerdem positiv auf Depressionen aus, senkt den Cholesterinspiegel und stärkt die Nierenfunktion – muss man noch mehr über dieses Superkraut sagen, um es zu lieben?

ORANGEN PARTY

Zutaten

- *50 g Erdbeeren*
- *2 Bananen*
- *200 ml frischer Orangensaft*
- *200 g Endiviensalat*

Das Obst zusammen mit dem Orangensaft in den Mixer geben und alles zu einer glatten Masse pürieren. Den Endiviensalat zufügen und noch einmal pürieren. Nach Bedarf Wasser zugießen, um den Smoothie zu verdünnen.

PETERSILIE-ORANGE

Schon gewusst …

… dass Petersilie sehr viel Vitamin C und Eisen enthält?

Zutaten

- *2 Orangen*
- *2–3 Medjool-Datteln, entsteint*
- *½ Bund krause Petersilie*
- *Wasser*

Orangen und Datteln in den Mixer geben und mit Wasser aufgießen, bis das Obst gerade eben bedeckt ist. Cremig pürieren. Anschließend Petersilie zufügen und noch einmal pürieren. Nicht wundern, dass sich Petersilie etwas schwerer pürieren lässt als beispielsweise Spinat – den Mixer einfach etwas länger laufen lassen. Wasser nach Wunsch zugießen.

LECKERER POSTELEIN

LECKERER POSTELEIN

Zutaten

* 100 g Ananas
* 1 Mango
* 1 Bund Postelein (ca. 100–150 g)
* Wasser

Das Obst in den Mixer geben und zu ⅔ mit Wasser aufgießen. Alles zu einer glatten Masse pürieren. Anschließend den Postelein zufügen und noch einmal pürieren, eventuell zusätzliches Wasser zugießen.

Schon gewusst …

… dass Postelein das Blattgemüse mit dem höchsten Anteil an Omega-3-Fettsäuren ist? Es enthält vor allem Vitamin C, B1 und B2, Karotin, Kalzium und Eisen und verleiht deinem Smoothie einen herrlich milden Geschmack.

ANANAS TRIFFT PETERSILIE

Zutaten

* 1 Ananas
* großes Bund Petersilie
* Wasser

Ananas klein schneiden, in den Mixer geben und zu ⅔ mit Wasser aufgießen. Cremig pürieren. Die Petersilie zufügen und nochmals pürieren. Auf Wunsch zusätzliches Wasser zugießen.

TIPP

Damit dieser Smoothie schön cremig wird, musst du den Mixer etwas länger laufen lassen als gewohnt, denn Petersilie ist sehr schwer zu zerkleinern.

PAK CHOI HEAVEN

Zutaten

* *1 Mango*
* *1 Banane*
* *1 Apfel*
* *2 große Blätter Pak Choi*
* *2 Stangen Sellerie*
* *Wasser*

Das Obst klein schneiden, in den Mixer geben, mit Wasser aufgießen, bis es gerade eben bedeckt ist, und alles zu einer cremigen Masse pürieren. Pak Choi und Sellerie zugeben und noch einmal pürieren. Auf Wunsch zusätzliches Wasser zugießen.

Schon gewusst …

… dass Pak Choi zwar eine Kohlsorte ist, aber nicht den typischen Kohlgeschmack besitzt? Deshalb ist dieses Gemüse so gut für Smoothies geeignet. Im Kühlschrank aufbewahrt, hält sich Pak Choi eine Woche lang. Achte beim Kauf auf schöne dunkelgrüne, unversehrte Blätter.

für dich kann es gar nicht grün genug sein

FÜR PROFIS

Wow! Wenn du in dieser Kategorie angekommen bist, bist du schon ein echter Smoothie-Experte. Wie haben dir die Smoothies für Fortgeschrittene geschmeckt? Gut? Wenn du sie problemlos trinken konntest, bist du bereit, ein echter Profi zu werden. Die folgenden Smoothies versorgen deinen Körper mit einer hohen Dosis an Nährstoffen, und das wirst du an deiner Gesundheit merken. Es werden auch wieder neue Zutaten eingeführt, zum Beispiel Sprossen. Über die Rezepte selbst brauche ich nichts mehr zu sagen, schließlich kennst du dich schon bestens auf dem Gebiet der Smoothies aus.

Vielleicht möchtest du andere Gemüsesorten verwenden oder bist neugierig auf eine bestimmte Zusammenstellung, die du gern ausprobieren würdest? Das Einzige, was ich dazu noch sagen kann, ist: Leg los! Experimentiere so viel, wie du willst, denn du weißt ja wie es heißt: Probieren geht über Studieren.

ALOE BEAUTY

Zutaten

* *2 Äpfel*
* *1 reife Birne*
* *1 Zitrone*
* *5 cm frische Aloe vera oder 1 EL Aloe-vera-Saft (s. Seite 72)*
* *100 g Postelein*
* *4 Stängel Staudensellerie*
* *1 kleiner Romanasalatkopf*
* *Wasser*

Das Obst klein schneiden, mit Aloe vera in den Mixer geben, mit Wasser aufgießen, bis es gerade eben bedeckt ist und alles zu einem glatten Smoothie pürieren. Anschließend Postelein, Staudensellerie und Romanasalat zufügen und noch einmal pürieren. Auf Wunsch Wasser zugießen.

SKINNY DETOX

Zutaten

* *2 Äpfel*
* *½–⅓ Gurke*
* *Saft von 1 Zitrone*
* *2 Handvoll Spinat*
* *1 Handvoll Löwenzahnblättchen*
* *Wasser*

Äpfel klein schneiden, mit Gurke und Zitronensaft in den Mixer geben und alles gerade eben mit Wasser bedecken. Zu einer cremigen Masse pürieren. Spinat und Löwenzahn zufügen und noch einmal pürieren. Auf Wunsch zusätzliches Wasser zugießen.

TIPP

Zitronensaft lässt sich gut im Kühlschrank aufbewahren. Dafür presst du ungefähr fünf Zitronen aus und stellst den Saft gut verschlossen in einer Glasflasche in den Kühlschrank. Alternativ kannst du auch Schraubgläser verwenden, z.B. von Honig oder eingelegtem Obst und Gemüse.

YELLOW DELIGHT

Zutaten

- 1 Birne
- 1 Tasse Mangostücke
- 1 Banane
- Datteln nach Belieben
- 150 g Grünkohl
- 1 EL gemahlene Leinsamen
- Wasser

Das Obst klein schneiden, in den Mixer geben, gerade eben mit Wasser bedecken und alles zu einer glatten Masse pürieren. Grünkohl und Leinsamen zufügen und noch einmal pürieren. Auf Wunsch Wasser zugießen.

TIPP

Leinsamen lassen sich mithilfe einer Kaffeemühle ganz einfach selbst mahlen, das ist auch preisgünstiger, als die bereits gemahlene Variante zu kaufen. Wenn du regelmäßig kleine Mengen zubereitest und diese im Kühlschrank aufbewahrst, vermeidest du außerdem, dass die wertvollen Omega-3- und Omega-6-Fettsäuren in den Leinsamen ranzig werden.

WILDE HILDE

Zutaten

- ½ Ananas
- 1 Orange
- 1 Banane
- 200 g Brennnesselblätter
- Wasser

Das Obst klein schneiden, in den Mixer geben und zu ⅔ mit Wasser aufgießen. Alles cremig pürieren. Brennnesseln zufügen und noch einmal pürieren. Wasser nach Wunsch zugießen.

TIPP

Im Frühjahr und Sommer, wenn allerorten Brennnesseln wachsen, ist die richtige Zeit, sich einen Vorrat für den Winter anzulegen. Am besten trocknest du das Kraut und lagerst es ebenso trocken. Das Trocknen funktioniert am besten, wenn du die Brennnesseln auf einem Stück Karton o.Ä. ausbreitest und in die Sonne legst. Wenn sich die Blätter knisternd anfühlen, sind sie bereit zur Lagerung in einem verschließbaren Glas. Alternativ kannst du das Kraut auch an einem trockenen Ort in Sträußen aufhängen. Oder du trocknest es ein paar Stunden im Dörrautomaten. Wenn du keine Zeit hast, selbst Brennnesseln zu pflücken und zu trocknen, kannst du auch getrocknete Brennnesseln kaufen. Sie sind in einigen Reformhäusern oder online erhältlich.

Eat less sugar, you are sweet enough

TIPP
Achte beim Kauf von Brunnenkresse auf feste, dunkelgrüne Blätter. Du kannst die Kresse einige Tage im Kühlschrank aufbewahren, wenn du die Stängel ins Wasser stellst (ähnlich wie einen Strauß Blumen). Brunnenkresse ist ein kalorienarmes Gemüse und reich an Eisen, Kalzium, Vitamin A und C. Zudem hat es einen positiven Einfluss auf hohen Blutdruck und blutreinigende und entwässernde Wirkung. Die grünen Blätter sind reich an Schwefel und damit gut für Haut, Haar und Nägel.

KESSE MANGO

Zutaten

* *1 Mango*
* *1 Birne*
* *1 Handvoll Spinat*
* *1 Handvoll Brunnenkresse*
* *Wasser*

Das Obst klein schneiden, in den Mixer geben, mit Wasser aufgießen und alles zu einer glatten Masse pürieren. Blattgemüse zufügen und nochmals pürieren. Anschließend zusätzliches Wasser nach Geschmack zugießen.

GRÜNKOHL-SMOOTHIE

Zutaten

- ✳ *2 Bananen*
- ✳ *1 Birne*
- ✳ *50 g Erdbeeren*
- ✳ *150–200 g Grünkohl*
- ✳ *Wasser*

Das Obst klein schneiden, in den Mixer geben und mit Wasser aufgießen, bis es gerade eben bedeckt ist. Alles cremig pürieren. Danach den Grünkohl zufügen und nochmals pürieren. Nach Belieben zusätzliches Wasser zugeben.

TIPP Während der Erdbeersaison lohnt es sich, einen großen Vorrat anzulegen und die Früchte einzufrieren. Denn im Sommer schmecken sie nicht nur fantastisch, sie kommen auch aus der Region, sind daher frischer und zudem zu einem guten Preis erhältlich. Damit die Früchte nicht zu einem großen Klumpen zusammenfrieren, solltest du Folgendes beachten:

1 Wasche die Erdbeeren gründlich und lasse sie abtropfen.
2 Schneide den grünen Kelch heraus.
3 Gib die Erdbeeren auf Küchenpapier und lass sie komplett trocken werden.
4 Lege die trockenen Erdbeeren locker aufeinander in eine Schale oder auf einen Teller und stelle sie in die Tiefkühltruhe.
5 Wenn die Erdbeeren einzeln gefroren sind, gib sie in einen Gefrierbeutel und lege sie zurück in die Tiefkühltruhe.
6 Tipp: Wiege die Erdbeeren vor dem Einfrieren ab und verteile zum Beispiel 50 g auf jeden Beutel, sodass du für den Gebrauch direkt die richtige Portionsgröße hast.

FRISCHE MANGO

Zutaten

- ✳ *½ Bund Petersilie*
- ✳ *3 große Blätter Endiviensalat (untere Rippen entfernt)*
- ✳ *1 große Mango*
- ✳ *Wasser*

Petersilie und Endiviensalat zusammen in den Mixer geben und halb mit Wasser aufgießen. Alles zu einer gleichmäßigen Masse pürieren. Mango klein schneiden, zufügen und erneut pürieren. Wasser nach Belieben zugießen.

KÖSTLICHE FEIGE

KÖSTLICHE FEIGE

Zutaten

- *6 Feigen, frisch oder getrocknet (getrocknete Feigen vorher mindestens 1 Stunde lang in lauwarmem Wasser einweichen)*
- *1 Tasse Erdbeeren*
- *½ Gurke*
- *150 g Mangold*
- *Wasser*

Obst und Gurke klein schneiden, in den Mixer geben und zu ⅔ mit Wasser aufgießen. Alles zu einer gleichmäßigen Masse pürieren. Mangold zufügen und noch einmal pürieren. Nach Belieben Wasser zugießen.

TIPP

Bei getrockneten Feigen solltest du vor der Verwendung den Stiel entfernen, da er für die meisten Mixer zu hart ist. Frische Feigen solltest du zur Verwendung halbieren und schälen.

GRÜNE SPROSSE

Zutaten

- *1 Apfel*
- *2 Bananen*
- *1 Kiwi*
- *150 g junger Blattsalat*
- *80 g Alfalfa-Sprossen*
- *Wasser*

Das Obst klein schneiden, in den Mixer geben, mit Wasser aufgießen, bis es gerade eben bedeckt ist, und alles zu einer glatten Masse pürieren. Salat und Sprossen zugeben und erneut pürieren. Wasser nach Wunsch zugießen.

SPROUT, SPROUT, LET IT ALL OUT

SPROUT, SPROUT, LET IT ALL OUT

Zutaten

* *1 Apfel*
* *1 Banane*
* *4 Stangen Staudensellerie*
* *1 Handvoll Alfalfa-Sprossen*
* *Wasser*

Obst klein schneiden, in den Mixer geben, Wasser zugießen, bis die Früchte gerade eben bedeckt sind und alles cremig pürieren. Anschließend Sellerie und Sprossen zufügen und noch einmal pürieren. Auf Wunsch mehr Wasser zugießen.

KRESSE-KICK

Zutaten

* *1 Apfel*
* *1 Banane*
* *1 Bund Brunnenkresse*
* *Wasser*

Das Obst klein schneiden, in den Mixer geben, mit Wasser aufgießen, bis die Früchte gerade eben bedeckt sind, und alles glatt pürieren. Die Kresse zufügen und noch einmal pürieren. Nach Belieben mehr Wasser zugießen.

Schon gewusst ...

..., dass Kirschen Stoffe enthalten die entzündungshemmend und schmerzlindernd sein sollen? Die so genannten Anthocyane sind auch starke Antioxidantien und schützen dich daher vor Zellschädigungen.

DREIFACH GRÜN

Zutaten

- *2 Äpfel*
- *150 g Kirschen, entsteint*
- *100 g Spinat*
- *50 g Salat nach Wahl*
- *50 g Mangold*
- *Wasser*

Das Obst klein schneiden, in den Mixer geben und gerade eben mit Wasser bedecken. Alles zu einer cremigen Masse pürieren. Dann das Blattgemüse zufügen und Wasser nach Belieben zugießen.

Schon gewusst ...

... dass Alfalfa im Vergleich zu anderen Sprossen einen sehr neutralen Geschmack hat? Daher sind sie besonders geeignet für Smoothies. Auch auf einem Brot mit Lachs oder im Salat lassen sich die Sprossen gut verwenden. Alfalfa-Sprossen stecken voll von pflanzlichen Eiweißen, Vitaminen (C, D, E und K) und Mineralien und verwandeln deinen Smoothie in eine kleine Vitamin-bombe.

MACA PFIRSICH

Zutaten

* *1 Birne*
* *3 Pfirsiche*
* *1 Avocado*
* *Saft von 1 Zitrone*
* *200 ml Kokoswasser (s. Seite 158)*
* *1 Salatkopf*
* *1 EL Maca-Pulver (s. Seite 75)*
* *300 ml Wasser oder mehr*

Das Obst klein schneiden und in den Mixer geben. Zitronensaft und Kokoswasser zugießen, evtl. mit Wasser aufgießen, sodass das Obst gerade eben bedeckt ist. Alles pürieren bis ein cremiger Smoothie entsteht.
Danach Salat und Maca-Pulver zugeben und nochmals pürieren. Nach Belieben zusätzliches Wasser angießen.

TIPP

Keimlinge (Sprossen) haben sehr viele gesunde Bestandteile und sind sehr einfach und günstig selbst zu ziehen. Mit dem folgenden Schritt-für-Schritt-Plan kannst du gleich loslegen.

1 Gib 2 Esslöffel Samen einer Sprossenpflanze nach Wahl in ein Glas.
2 Füge Wasser hinzu und lass die Samen 8–12 Stunden einweichen.
3 Gieße das Wasser ab, sodass die Samen im Glas bleiben. Dazu kannst du einen Schraubverschluss mit Löchern verwenden oder ein Passiertuch, das mit einem Gummiband befestigt wird.
4 Stelle das Glas nun umgekehrt leicht schräg hin, beispielsweise auf den Deckel des Glases, sodass das Wasser gut abtropfen kann.
5 Spüle die Samen zweimal am Tag mit Wasser ab (zum Beispiel morgens und abends) und achte darauf, dass das Wasser gut wieder abfließt.
6 Nach +/- 5 Tagen sind die Keimlinge gebrauchsfertig.
7 Guten Appetit!

Weil du nicht genug davon kriegen kannst

FÜR DIE AKTIVEN

Sport zu treiben gehört zu einem gesunden Lebensstil dazu und verleiht dir Wohlbefinden, Selbstvertrauen, Fitness und eine gute Figur. Richtig gemacht, kannst du schon mit kurzem, effektivem Training viel erreichen. Genauso wichtig ist es aber, nach der Anstrengung einen Post-Work-out-Smoothie zu trinken, da er dem Körper neue Baustoffe liefert und die Regeneration unterstützt. In Post-Work-out-Smoothies finden sich gleich mehrere wichtige Stoffe: Mineralien, die du beim Schwitzen verloren hast, sowie Eiweiße und Vitamine, die du zur Zellregeneration brauchst. Natürlich ist auch Wasser sehr wichtig, weil du durch das Schwitzen in kurzer Zeit viel Flüssigkeit verloren hast.

Alle Smoothies, die du bisher zubereitet hast, enthalten bereits die oben genannten wichtigen Nährstoffe und sind daher als Drink nach dem Sport geeignet. Wenn du allerdings ein sehr intensives Training hinter dir hast, hat dein Körper einen erhöhten Bedarf an Eiweiß. Dieses Kapitel umfasst sechs Rezepte, die diesen Bedarf decken, damit dein Work-out zum Erfolg führt. Bei diesen Rezepten verwende ich Zutaten, von denen du vielleicht noch nie etwas gehört hast. Gib ihnen eine Chance, denn ich hoffe von Herzen, du findest Geschmack an diesen sportlichen Smoothies.
Viel Vergnügen!

PROTEIN DRINK

TIPP

Kokoswasser eignet sich bestens, um deinen Mineral- und Wasserhaushalt wieder aufzufüllen, und gilt daher auch als natürlicher Energydrink. Es ist reich an Kalium, Magnesium, Phosphor und Kalzium und enthält keine der ungesunden Zusätze, die wir durch handelsübliche Energydrinks aufnehmen. Frisches Kokoswasser findest du in Biomärkten, Asiashops und in manchen Supermärkten. Achtung: Kokoswasser ist nicht dasselbe wie Kokosmilch! Letzteres wird aus Kokoswasser und dem Fruchtfleisch der Kokosnuss hergestellt.

PROTEIN DRINK

TIPP
Wenn du kein Kokoswasser bekommst, kannst du es auch durch normales Wasser ersetzen.

Zutaten

- *1 Banane*
- *1 Pfirsich (optional)*
- *1 Apfel*
- *1 Tasse Waldbeeren*
- *1 Tasse Kokoswasser*
- *1 EL Kokosöl*
- *150 g Grünkohl*
- *1 Stängel Staudensellerie*
- *2 EL Hanf-Proteinpulver oder 2 EL Hanfsamen (s. Seite 74)*
- *Wasser*

Das Obst klein schneiden, mit Kokoswasser und Kokosöl in den Mixer geben. Pürieren, bis ein cremiger Smoothie entsteht. Anschließend Grünkohl, Sellerie und Hanf-Protein-Pulver zufügen und nochmals pürieren. Nach Belieben Wasser zugießen.

PETERSILIEN BOOSTER

TIPP
Wenn du Kokoswasser nicht magst, kannst du es durch Mandelmilch ersetzen. Mandelmilch ist verkaufsfertig erhältlich, lässt sich aber auch problemlos selbst herstellen:

1. Lass die Mandeln 8 Stunden lang in Wasser einweichen.
2. Spüle sie gründlich ab und gib sie in den Mixer.
3. Füge dreimal mehr Wasser als Mandeln zu.
4. Püriere alles bis keine Mandeln mehr gegen die Mixerwand klackern.
5. Passiere die Masse durch ein sehr feines Sieb oder ein Tuch und presse so viel Flüssigkeit wie möglich heraus.
6. Du kannst die nun erhaltene Mandelmilch noch mit Datteln süßen oder mit Zimt aufpeppen, aber auch pur schmeckt sie köstlich!

Zutaten

- *2 Äpfel*
- *1 Banane*
- *2 Tassen Kokoswasser*
- *½ Bund Petersilie*
- *10–100 g Proteinpulver Vanille nach Belieben (s. Seite 74)*
- *Wasser*

Das Obst klein schneiden und in den Mixer geben. Kokoswasser zufügen und alles zu einer cremigen Masse pürieren. Anschließend Petersilie und das Proteinpulver zufügen und nochmals pürieren. Nach Belieben zusätzliches Wasser zugießen.

CHOCOLATE RECOVERY

Zutaten

* *1 Tasse Kirschen, entsteint*
* *1 Banane*
* *100 g Spinat*
* *50 g Grünkohl*
* *1 EL rohes Kakaopulver oder Kakaonibs*
* *50 g Proteinpulver Vanille oder Banane (s. Seite 74)*
* *Wasser*

Das Obst klein schneiden, in den Mixer geben und so viel Wasser zugießen, dass es gerade eben bedeckt ist. Alles zu einer gleichmäßigen Masse pürieren. Anschließend Blattgemüse, Kakao und Proteinpulver zufügen und alles noch einmal pürieren. Zusätzliches Wasser nach Belieben zugießen.

VANILLA GREEN

Zutaten

* *1 Mango*
* *200 g Ananas*
* *150 g Spinat*
* *50 g Proteinpulver Vanille (s. Seite 74)*
* *Wasser*

Das Obst klein schneiden, in den Mixer geben und mit Wasser gerade eben bedecken. Pürieren, bis ein cremiger Smoothie entsteht. Anschließend Spinat und Proteinpulver zufügen und alles noch einmal pürieren. Nach Wunsch Wasser zugießen.

TIPP

Es gibt rein pflanzliches Proteinpulver. Ich selbst verwende gern das der Firma *Sunwarrior* aus gekeimtem braunem Reis. Es ist online erhältlich.

Schon gewusst …

… dass Kakao reich an Antioxidantien ist, die deinen Körper vor Zellschäden bewahren? Zudem versorgt er dich mit viel Magnesium und Energie. In rohem Kakao sind alle wertvollen Nährstoffe noch erhalten und nicht beim Erhitzen verloren gegangen. So kannst du optimalen Nutzen aus dem Kakao ziehen und noch dazu seinen himmlischem Geschmack genießen.

CREAMY BERRY

Zutaten

* *1 ½ Tassen Beerenmix*
* *1 Tasse Kokosmilch*
* *Saft von 1 Limette*
* *1 kleiner grüner Salatkopf*
* *½ Gurke, geschält*
* *2 EL Hanf-Proteinpulver oder 2 EL Hanfsamen (s. Seite 74)*
* *Wasser*

Die Beeren in den Mixer geben, 1 Tasse Wasser, Kokosmilch und Limettensaft zufügen und alles zu einer cremigen Masse pürieren. Anschließend Salat, Gurke und Hanf-Proteinpulver zufügen und noch einmal pürieren. Zusätzliches Wasser nach Belieben zugießen.

Schon gewusst ...

... dass sich Sellerie positiv auf hohen Blutdruck auswirkt? In einer Studie, in der 15 Menschen Sellerie zu sich nahmen, hatte dies bei 14 Teilnehmern eine Senkung des Blutdrucks zur Folge. Weiterhin hat Sellerie auch entwässernde Wirkung.

GRÜNE POWER-GAZPACHO

Zutaten

* *2 Handvoll Spinat*
* *1 Avocado*
* *1 Tomate*
* *1 Paprika2 Stängel Staudensellerie*
* *1 Handvoll Basilikumblättchen*
* *1 EL Zitronensaft*
* *Wasser*

Spinat mit 1 Tasse Wasser cremig pürieren. Die übrigen Zutaten zufügen und alles noch einmal pürieren, bis alles eine schöne cremige Konsistenz hat.

Grüne Smoothies sind für mich DIE Entdeckung! Auf meinem langen Weg zu gesunder Ernährung war ich jahrelang der Frage auf der Spur: Was schenkt mir Energie und was kostet mich Energie? Außerdem liebe und genieße ich alles, was praktisch ist. Und da sind grüne Smoothies wirklich die ideale Lösung!
Ich trinke jeden Tag einen grünen Smoothie, vor allem mit Avocado werden sie schön cremig. Ich mag sie am liebsten so fest, dass sogar ein Löffel darin stehen kann! Mit so einem sättigenden grünen Smoothie komme ich perfekt durch den Vormittag. Wenn ich meinen Smoothie für unterwegs mitnehme, verwende ich dazu meistens ein Gurkenglas.
In meiner Praxis unterstütze ich Menschen beim Entgiften und verhelfe ihnen zu mehr Vitalität. Immer mehr Menschen werden sich bewusst, dass es ein guter Schritt in die richtige Richtung ist, den Verzehr von Brot, Milchprodukten und Zucker einzuschränken. Aber was soll man bloß essen als Ersatz für die beliebten belegten Brote und Joghurt mit Knusperflakes? Dann frage ich: „Haben Sie einen Mixer im Haus?“ – „Ja.“ – „Schön. Dann haben Sie das wichtigste Zubehör für einen grünen Smoothie schon zur Hand.“ Und nachdem ich ihnen ein paar Einsteigertipps gegeben habe, bin ich jedes Mal wieder hin und weg von den begeisterten Geschichten, die meine Patienten mir schon bald darauf berichten. Dass mittlerweile die ganze Familie grüne Smoothies trinkt, dass sie Gewicht verloren haben und die Verdauung besser funktioniert. Auch höre ich immer wieder, dass sie viel mehr Energie haben und sich allgemein wohler fühlen – fantastisch! Und nichts ist schöner, als genau das selbst zu erleben!
Das Tolle ist, dass die Zubereitung von grünen Smoothies einfach und günstig und doch gleichzeitig ein großer Beitrag für deine Gesundheit ist. Und ich bin auch sehr froh über dieses toll gestaltete Buch.
Genieße deine gesunde Ernährung!

Kaja Kalina

Vitalitätsberaterin und Colon-Hydro-Therapeutin

Zugegeben: Als ich vor einigen Monaten mit der Übersetzung dieses Buches begonnen habe, fand ich die Vorstellung, Blattgemüse zu trinken, ausgesprochen merkwürdig.
Aber die Neugierde hat gesiegt und ich habe schließlich doch ein Rezept ausprobiert – eins mit Petersilie, was, im Nachhinein gesehen, nicht die beste Idee war (der Geschmack von Petersilie ist recht intensiv und ich war von diesem ersten Smoothie wenig begeistert). Beim zweiten Mal versuchte ich es mit Romanasalat und war erstaunt, wie wenig man ihn zwischen dem Obst herausschmeckte. Seitdem mixe ich jeden Tag einen grünen Smoothie, mal nach Rezept, mal einfach mit dem, was gerade im Haus ist. Nicht immer

Erfahrungsberichte

Grüne Smoothies waren eines der großen Aha-Erlebnisse auf meinem Weg zu einer natürlicheren und gesünderen Ernährung. Wie kann etwas so gut schmecken, so einfach zubereitet werden und dann auch noch so gesund sein?

Mittlerweile gehören grüne Smoothies zu meinem täglichen Morgenritual und sind aus unserer kleinen Familie nicht mehr wegzudenken. Selbst unser fast 2-jähriger Sohn liebt seine grünen Smoothies aus der Nuckelflasche und ich freue mich, dass er so gesund in den Tag startet.

Ein grüner Smoothie ist für mich das perfekte Frühstück, ein gesunder Rohkost-Snack für unterwegs, die optimale Zwischenmahlzeit nach dem Sport oder ein süßer Nachtisch. Bei der Zubereitung sind der Fantasie keine Grenzen gesetzt. Ob Gemüse, Obst oder Kräuter, als Getränk, statt Joghurt zum Müsli, als Eiscreme, wir probieren ständig neue Kombinationen, damit keine Langeweile aufkommt.

Mindestens einmal im Monat lege ich außerdem einen kompletten Smoothie- oder Safttag ein, um meinem Körper eine kleine extra Detox-Pause zu gönnen. Das wirkt Wunder.

Ich glaube, es gibt keinen besseren, einfacheren und schnelleren Weg, eine geballte Ladung an gesunden Vital- und Nährstoffen in ihrer natürlichsten Form zu sich zu nehmen.

Grüne Smoothies tun uns gut, das merken wir jeden Tag!

Sandra Schara
Autorin des Ernährungs- und Gesundheitsblogs
www.mydailygreen.de

schmeckt es super, aber trinkbar waren bis jetzt alle. Auch eines meiner Kinder trinkt mit. Was mich verblüfft hat, ist, dass ich seitdem deutlich weniger Hunger habe und auch weniger esse und – und das ist bei mir wirklich bemerkenswert – seltener das Verlangen nach Schokolode habe. Seit ich einen halbwegs vernünftigen Mixer besitze (ein sehr günstiges Modell, das absolut ausreicht), machen die Smoothies auch kaum Arbeit. Bisher macht mir die ganze Sache Spaß und ich bin selbst gespannt, wie es in Zukunft weitergeht.

Sonja Fiedler-Tresp
Übersetzerin von „Grüne Smoothies“

Ich bin Hanneke, eine junge Frau aus den Niederlanden, die im letzten Jahr durch Marjolijns Rezepte grüne Smoothies kennengelernt hat. Ich habe sie sofort getestet, allerdings zunächst die absoluten Anfänger-Rezepte mit viel Obst. Ich hatte keine hohen Erwartungen, dass grüne Smoothies mein Wohlbefinden steigern würden, da ich schon verschiedene Dinge ohne großen Erfolg ausprobiert hatte. Ich habe eine lange Vorgeschichte mit chronischer Erschöpfung, vielen Infektionen, einem schlechten Immunsystem und Psoriasis. Außerdem hatte ich Pfeiffersches Drüsenfieber und eine Erkrankung des Lymphsystems.

Alles, was ich bisher versucht habe, um meine Gesundheit zu verbessern, war zwar mit guter Absicht, endete aber in schlechten Ergebnissen. Vor allem weil ich sehr empfindlich auf Medikamente und Nahrungsergänzungsmittel reagiere. Sie können Erkrankungen sogar verschlimmern oder weitere Schäden anrichten.

Das regelmäßige Trinken grüner Smoothies hingegen ist eine milde Methode und funktioniert bei mir sehr gut. Da man am Anfang mit viel Obst und wenig Gemüse einsteigt, ist der Geschmack nicht so ungewohnt und man bleibt motiviert bei der Sache. Grüne Smoothies gehörten bald zu meinem Alltag und waren für mich nicht mehr wegzudenken. Nachdem ich schon bald immer mehr Gemüse zugab, erkannte ich auch die reinigende Kraft der Smoothies und dass sie mir Energie schenkten. Dass ich auch die Menge erhöhte, war natürlich ein weiterer Vorteil. Schließlich fiel mir auf, dass ich mich nicht nur besser fühlte und mehr Nährstoffe zu mir nahm, sondern dass ich auch Snacks und andere ungesunde Dinge lieber liegen ließ. Mein Geschmack wandelte sich und mein Heißhunger auf Fettiges, Salziges und Süßes ließ nach, außerdem wollte ich mein neu gewonnenes Wohlbefinden nicht direkt zunichtemachen, das war es mir einfach nicht wert.

Ich trinke bis heute grüne Smoothies und bin sehr froh darüber! Ich kann nur jedem dazu raten, es selbst auszuprobieren. Für mich waren sie eine echte Bereicherung, ein natürliches Aufputschmittel, das großartig schmeckt!

Spread the good news! Make a green smoothie and enjoy …

Hanneke Gloudemans

Erfahrungsberichte

Besonders viel Gemüse habe ich nie gegessen, war aber entschlossen, dies zu ändern. Da hörte ich von grünen Smoothies und war sofort begeistert: Danach hatte ich gesucht! Inzwischen trinke ich seit drei Monaten grüne Smoothies (einer grüner als der andere) und ich fühle mich unglaublich gesund und fit. Ich will nicht mehr darauf verzichten.

Jeden Abend bereite ich einen neuen grünen Smoothie vor, den ich in einem verschließbaren Becher als Mahlzeit mit zur Arbeit nehme. Der ideale Start in den Tag! Die Smoothies liegen nicht schwer im Magen, sorgen aber stundenlang für ein sättigendes Gefühl. Früher war Frühstücken für mich ein Krampf, ich hatte zwar Appetit, aber was ich auch probierte, alles lag mir wie ein Stein im Magen. Schon was das betrifft sind die grünen Smoothies für mich ein echter Gewinn. Aber es gibt auch viele andere positive Effekte: Ich merke, dass ich mehr Power habe und wacher bin. Auch meine Haut hat sich unglaublich verbessert, ich hatte vorher immer Probleme mit roter, entzündeter Haut. Auch mein Haar ist weicher geworden. Insgeheim hoffe ich noch auf einen dichteren Haarwuchs.

Einige meiner Kollegen sind auch „infiziert“ und wir tauschen Tipps und Erfahrungen aus. Auch unabhängig vom Rezeptbuch experimentiere ich herum und lerne ständig dazu. So habe ich inzwischen herausgefunden, dass der Smoothie durch zu viel Koriander nach Seifenlauge schmeckt und zu viele Chia-Samen alle Feuchtigkeit aufsaugen, wodurch sich der flüssige Smoothie nach einer Nacht im Kühlschrank in einen Pudding verwandelt. Aber trotz derartiger Lerneffekte musste ich noch keinen einzigen Smoothie als rettungslos verloren einstufen.

Das Zubereiten grüner Smoothies ist außerdem eine gute Gelegenheit, die letzten Reste Gemüse, die noch im Kühlschrank liegen, zu verwerten.

Kurz gesagt: Absolut empfehlenswert!

Sharon

Erfahrungsberichte

Hallo Marjolijn,

sehr gern berichte ich von meinen Erfahrungen mit den grünen Smoothies, denn sie haben mein Leben sehr verändert.

Ich bin schon seit 15 Jahren Diabetiker, seit Jahren muss ich Insulin spritzen. Zweimal im Jahr muss ich ins Krankenhaus zum Internisten und zum Diätberater zur Kontrolle. Meine Blutwerte waren immer schlecht und ich hatte regelmäßig Bluthochdruck. Bis ich grüne Smoothies entdeckte. Meine Frau und ich beginnen den Tag jeweils mit 1 großen Glas lauwarmem Wasser, dem wir den Saft von ½ Zitrone und 1 Prise Cayennepfeffer zugeben. Gleich danach trinken wir einen grünen Smoothie.

Wir verwenden immer wieder anderes Blattgemüse und kombinieren es mit Orangen, Bananen, Mango oder Galiamelone, einem Apfel und für die Süße geben wir eine Handvoll getrocknete Cranberrys sowie drei oder vier getrocknete Aprikosen hinzu. Dann fügen wir noch drei Teelöffel Chia-Samen und eine Prise Chlorellapulver hinzu. Wenn ich davon ein großes Glas leer getrunken habe, gehe ich 25 Minuten mit dem Hund spazieren, spritze mir danach vier Einheiten weniger als früher und esse ein belegtes Brot und Cracker.

Bei der ersten Kontrolle im Krankenhaus konnten sie es nicht glauben: Meine Blutwerte waren perfekt. Der Internist war völlig perplex und hat mich als Sonderfall eingestuft.

Ich bedauere sehr, dass ich nicht schon vor 20 Jahren mit grünen Smoothies in Berührung gekommen bin, denn dann wäre es mit meiner Diabetes sicher nicht so weit gekommen.
Jetzt genießen wir den grünen Wunderdrink jeden Tag. Herrlich!

Gerard Peels

Smoothies gehen so schnell, sind einfach, lecker und extrem gesund! Es ist ein Kinderspiel auf diese Art viel frisches Obst und Gemüse in den alltäglichen Speiseplan zu integrieren. Und das als Snack oder Mahlzeit. Ich fühle mich fit, bin voller Energie und Haut und Haare fühlen sich besser an. Großartig!

Anna-Lena Sauermann

NOTIZEN

NOTIZEN

Notizen

NOTIZEN

NOTIZEN

NOTIZEN

NOTIZEN

GRÜNE SMOOTHIES MIT SPINAT

GRÜNE SMOOTHIES MIT GRÜNKOHL

GRÜNE SMOOTHIES MIT SALAT

GRÜNE SMOOTHIES BRENNESSELN

GRÜNE SMOOTHIES LÖWENZAHN

GRÜNE SMOOTHIES MIT ENDIVIENSALAT

GRÜNE SMOOTHIES MIT SELLERIE

Register